Marlies Tieck

# Wortmeldung aus der Altenrepublik

## Reflexionen einer Alten in einer auseinanderdriftenden Gesellschaft

Marlies Tieck

# Wortmeldung aus der Altenrepublik

**Reflexionen einer Alten**
**in einer auseinanderdriftenden Gesellschaft**

Gedankengänge über:

- fehlende Weitsicht und
  fragmentarische Entscheidungen in der Politik,
- unsere ‚kunterbunten' Sozialsysteme
  und deren nachfragenswerten Probleme
- Einige Beispiele zu den rasanten Fortschritten,
  die durch die Industrialisierung entstanden,
  und den mit ihnen einhergehenden Fehlentwicklungen
- ein paar Gedanken über die gering entlohnten Arbeitenden,
  deren Leistung für die Gesellschaft,
  und warum viele von ihnen vorzeitig in Rente gehen
- Männer, Frauen, Kinder, Erziehung, Schulsystem
  und die unterschiedlichen Denkweisen der Geschlechter
- Einblicke in die Probleme mit den vielen Alten
  und warum wir solche Schwierigkeiten früher nicht hatten

Bibliografische Information der Deutschen Nationalbibliothek:
Die Deutsche Nationalbibliothek verzeichnet diese Publikation in der Deutschen Nationalbibliografie; detaillierte bibliografische Daten sind im Internet über http://portal.dnb.de abrufbar.

ISBN 978-3-98885-237-3



www.rediroma-verlag.de
9,30 Euro (D)

# Inhaltsverzeichnis

# Vorbemerkungen

Vor mehr als 20 Jahren hat die alte Frau bereits begonnen, dieses Buch zu schreiben, aber zwischenzeitlich immer wieder beiseitegeschoben, weil sie sich gefragt hat:

Wer möchte darüber nachdenken, warum, wann und wie Vorsorgen etwas Vernünftiges und Sinnvolles ist?

Wer will wissen, weshalb „zuerst ans Geld denken" zu falschen Entscheidungen führt?

Wen interessiert ein Buch, in dem etwas über das Alter steht?

Dann kam das Corona Virus SARS-CoV-2 – und wir begannen alle ein wenig nachzudenken: über das Leben, unsere Erde und unsere Zukunft.

Da hat die alte Frau beschlossen, das Buch doch weiterzuschreiben, denn das Nachdenken über die Zukunft wird fassbarer, wenn man etwas mehr über die Vergangenheit, die dort getroffenen Entscheidungen und die daraus entstandenen Probleme weiß ...

Mitten in ihre Überarbeitung platzten auch noch Phobos und Deimos.

Jetzt wirds dringend mit dem Fertigwerden – denn die alte Frau kann und will sich mit Putin, Selenskyj und den ganzen Wirrwarr, der durch diesen überflüssigen Krieg entsteht, nicht auch noch befassen.

Um den Lesern nicht ständig mit Texten, deren Inhalt entweder der Erweiterung eines Themas dienen, abweichende Ansichten aufzeigen, oder auch mal zuvor Vertretenes infrage stellen, viel Zeit zu nehmen, hat die alte Frau sich entschlossen, solche Texte als ergänzende Beiträge hinter den Hauptteil zu setzen. Wer annimmt, dass er zu einem Thema keine zusätzlichen Ausführungen braucht, liest einfach im Text weiter. Wer mehr wissen will, muss ein wenig blättern.

# Eine Republik der Alten?

Wer seit den 2000er-Jahren in Zeitungen, auf diversen Plattformen im Internet, oder bei politischen Debatten im Fernsehen Ansichten über unsere Bevölkerungsstruktur verfolgt hat, bekam immer wieder das gleiche vermittelt: In unserem Staat leben zu viele alte Leute. Es klang allenthalben die Besorgnis auf, dass allein durch die Menge der Alten in Zukunft

- die Renten immer geringer ausfallen müssen,
- die Kosten im Gesundheitsbereich stetig steigen und
- die Notlagen in der Pflege ‚unbeherrschbar' sein werden.

Den Debatten folgten Spar- und Einschränkungsvorschläge, die uns bereits vor der ‚Corona-Epidemie' erhebliche Probleme verursacht hätten, wären sie in der angedachten Rigorosität durchgeführt worden.

Bei den Erörterungen wurden den ‚zukünftigen Rentenbeziehern' – besonders jungen Menschen – beharrlich Ratschläge erteilt, möglichst frühzeitig mit einer privaten Altersvorsorge zu beginnen, weil die Beiträge zur Rentenversicherung nicht weiter erhöht werden können und bei der Vielzahl der Alten in Zukunft die normalen Bezüge kaum noch für ein bescheidenes Leben reichen werden.

Mancher, der daraufhin einen der gepriesenen speziell für eine Zusatzrente geschaffenen Verträge abgeschlossen hat, konnte schon nach wenigen Jahren erkennen, wie seine sauer ersparte Vorsorge sich mehr als ein Flopp als eine Top-Idee herausstellte. Der Schwerpunkt bei diesen Zukunftsvisionen war nämlich nie auf gemeinschaftssichernde, sondern allein auf geldliche Themen gerichtet.

Die alte Frau will keinesfalls behaupten, Vorkehrung fürs Alter sei eine Aufgabe, die keine Beachtung benötigt. Im Gegenteil: Mit den Problemen, die durch eine verlängerte Alterszeit auf uns zukommen, müssen sich alle Bürger irgendwann befassen. Ja, irgendwann! Aber ans eigene Alter zu denken, ist keine vordringliche Angelegenheit für junge Menschen.

Sie müssen sich zuerst mit ihrer Lebens-, Berufs- und Familienplanung beschäftigen, bevor sie an ihre Rentnerzeit denken, auch wenn die ganz frühe finanzielle Vorsorge als ‚unbedingt notwendig' von in der Gründerzeit verhafteten Politikern immer mal wieder als Lösung angepriesen wird.

[- S. 51 Frühzeitig mit der Altersvorsorge beginnen? -]

## Vorsorge betreiben

Ist ein auf die Zukunft gerichtetes Verhalten etwas Natürliches, also auch im Tierreich zu finden? Ja! Das Eichhörnchen vergräbt Nüsse, um über den Winter zu kommen. Der Bär frisst sich im Sommer eine Speckschicht an und richtet sich ein Bett für den Winter.

Eine solche natürliche Vorsorge hat unsere Spezies seit den Anfängen der Menschheitsgeschichte auch ständig getroffen. Die frühen Menschen haben dabei erkannt, dass mancher Apfel faul ist, wenn sie ihn im Winter essen wollten. Sie fanden heraus, welche Früchte sich als Vorrat eignen, und haben diese nicht als Erstes verputzt, sondern für harte Zeiten aufgespart.

Nach und nach haben die Menschen auch Methoden entdeckt, um Essbares zu konservieren, zum Beispiel durch Salz oder Rauch. Als die Menschheit sich vom Jäger und Sammler zum Bauern entwickelte, errichteten sie Getreidelager, um die geernteten Vorräte über längere Zeiten aufbewahren zu können.

Aber haben sie auch in der gleichen Weise fürs Alter vorgesorgt, für eine Zeit, in der sie sich nicht mehr selber versorgen können? Nein, denn für Jahre, die weit in der Zukunft liegen, hat kein Mensch Vorräte angelegt. Man wusste ja inzwischen, wie schnell sie verderben können.

### Dennoch haben wir vorgesorgt,

nämlich mit Nachwuchs, also Kindern, die wir im Kindesalter versorgt und an die wir unser Wissen weitergegeben haben.

Kinder waren – und sind es in vielen Kulturen noch heute – die dem Menschen gegebene arteigene Altersvorsorge.

Wann hat die Menschheit mit dieser Vorsorge begonnen? Als wir

- den Tod als Lebensende erkannten,
- uns ein ‚Vorhandensein danach' vorstellen konnten,
- uns Götter, Weltenlenker und diverse Geistwesen ausmalten,
- unsere Toten betrauerten und begruben,
- und begannen, Bilder in Höhlen zu malen und Merkzeichen zu entwickeln,

mit denen wir das im Leben erworbene Wissen ‚in Stein gemeißelt' weitergeben konnten.

Haben wir für diese arteigene Altersversorgung in unserem Land

**zu viele Alte und zu wenige Junge?**

Ja! Es müssen zu wenige junge für zu viele alte Menschen sorgen!

*Und zwar reiche Junge für reiche Alte, arme Junge für arme Alte! Vielleicht hätten wir einen Teil der finanziellen Altenprobleme gelöst, wenn wir hier mal einen ‚Überkreuztausch' vornehmen würden ...*

*Der funktioniert aber leider nur da, wo sich arme Junge um reiche Alte kümmern. Es gibt nämlich einen traurigen Nachteil des Reichseins: Reiche Alte werden nie liebevoll von reichen Jungen, also höchstpersönlich von ihren eigenen Kindern, sondern nur von den Kindern der Armen umsorgt und gepflegt ...*

*Dass der Überkreuztausch eines Tages auch in der Gegenrichtung zum Tragen kommt, indem reiche Junge – vielleicht mit ihrem Geld? – armen Alten helfen ... oder wir ein gutes, einheitliches, allen dienendes Renten-, Gesundheits- und Pflegesystem einführen, in dem unter anderem auch die Kranken- und Pflegekräfte angemessen entlohnt werden, darauf sollten wir – jedenfalls in naher Zukunft – nicht allzu sehr hoffen!*

Nach dieser satirischen Einlage, kehren wir nun wieder zur Ernsthaftigkeit zurück: sich eigenhändig um seine pflegebedürftigen Eltern zu kümmern, seinen Job aufzugeben, alle Kontakte zu Kollegen und Freunden einzuschränken, beim Einsatz rund um die Uhr zwischen Hektik, Eintönigkeit, Überforderung und gefühlvoller Vertrautheit auch mal kurze Momente für die eigenen Bedürfnisse zu entdecken, – ist ein solches Dasein der Gipfel echter Kindesliebe?

Nein, in den meisten Fällen ist der Entschluss, sich eigenhändig um einen pflegebedürftigen Angehörigen zu kümmern, eine brutale Mischung aus einem emotionalen Bedürfnis, eine unabänderliche Notwendigkeit und mitunter auch durch einen Engpass im Pflegebereich nötig.

Die ‚richtige' Kindesliebe gibt es in Wirklichkeit nicht da, wo Tochter oder Sohn höchstpersönlich die Pflege der Eltern übernehmen, sondern wo qualifizierte Kräfte sich kümmern, sodass der hilfebedürftige Elternteil die erforderliche fachgerechte Dienstleistung erhält und die Kinder ein wachsames Auge darauf haben, dass die Hilfe den Erfordernissen entsprechend einwandfrei geleistet wird.

Die Frage ist jedoch: Wie kommen wir zu genug jungen Menschen, um die vielen alten Leute gut zu versorgen?

## „Seid fruchtbar und mehret euch"

Kommen tatsächlich zu wenige Kinder auf die Welt? Global gesehen keinesfalls, denn in den Regionen, wo

- es weder gesichertes Wissen noch zuverlässige Mittel für eine Empfängnisverhütung gibt,
- Frauen derlei ‚Luxusgüter' weder kennen noch sich leisten können,
- Männer noch stolz sind auf viele Nachkommen – hing doch bisher der Fortbestand der Gemeinschaft davon ab, dass viele Kinder geboren wurden,
- religiöse Dogmen, die Nachwuchs fordern, von den Menschen noch als bindend angesehen werden,
- und in Ländern, in denen es bisher keine außerfamiliäre Altersversorgung gibt,

entsteht mehr Nachwuchs, als global gesehen wünschenswert ist.

| Bis zur Einführung von außerfamiliären Altersvorsorgesystemen war die Altersversorgung ein wichtiger Grund für Nachwuchs. |
|---|

### Könnten wir nicht ...

von dem Überschuss in den kinderreichen Ländern profitieren?

Auch wenn Profitdenken in unserem neoliberalen Wirtschaftssystem an vorderster Stelle steht, diese Lösung sollten wir nicht in Erwägung ziehen!

Wer jetzt denkt, die alte Frau würde als Argument anführen, dass wir durch die Fremden, die dann zu uns kommen, „unsere Volksgemeinschaft verwässern", der irrt sich gewaltig! Denn eine solche Denkweise ist genau so dumm wie falsch!

Der Teil Europas, auf dem unser Staatsgebiet liegt, ist seit Urzeiten ein vorzüglicher ‚Schmelztopf', in den Einzelne, Gruppen und sogar ganze Heerscharen aus allen Richtungen hineingeströmt sind. Daran hat sich auch nach der Völkerwanderung nichts geändert. Zuwanderer kamen – und kommen noch immer. Die meisten, die sich bei uns ‚eingelebt' haben, sind nach zwei, drei Generationen zu Deutschen, – na ja, präziser gesagt – zu

Preußen, Oldenburgern, Hessen, Mecklenburgern, Württembergern Badenern, Sachsen, Bayern oder Bürgern eines anderen der regionalen Klein- und Freistaaten geworden, aus denen gerade mal 1815 der Deutsche Bund entstand, der sich aus fünf eigenständigen Königreichen, mehreren (Groß-) Herzogtümern, etlichen Fürstentümern und einigen freien Hansestädten zusammensetzte. Das Deutsche Reich wurde erst 1871 als Monarchie gegründet.

Die Nachkommen der Zugewanderten haben unsere Lebensanschauung, unsere lokalen Sitten und Gebräuche angenommen; sie vertreten unsere Werte – mitunter sogar entschiedener als die seit Generationen ansässige Bevölkerung.

Das glauben Sie nicht? Dann haben Sie noch nie ein ‚bedachtes urdeutsches Statement' von Cem Özdemir wahrgenommen!

Warum haben wir Deutschen – trotz der zwei desaströsen Weltkriege – als Nation noch immer ein beträchtliches Ansehen?

Das liegt nicht zuletzt an unserem effektiven Schmelztopf, in dem die Kenntnisse, Erfahrungen, Talente, Fähigkeiten, Begabungen, Sitten und Gebräuche von zahllosen Zuwanderern stecken! ...

... und auch daran, dass die schon lange hier Ansässigen durch Kenntnis alter Gewohnheiten, tradierter Bräuche und viel überkommenes Wissen den Neulingen hin und wieder zum Anpassen raten; und durch ihre bewährten Kenntnisse den Topf vorm Überkochen bewahren.

[- S. 52 - Arbeitskräfte, Einwanderer oder Landsleute -]

## Wie kam es zu der heutigen Altersstruktur?

Die Veränderung der Bevölkerungspyramide hat hauptsächlich zwei Gründe: Einerseits werden wir dank günstigerer Lebensumstände derzeit im Durchschnitt älter als unsere Vorfahren.

Die alte Frau nimmt mal – optimistischer – an, dass niemand an dieser Sachlage, weder für sich noch für andere, ernsthaft etwas ändern möchte...

Andererseits wurden während der beiden Weltkriege aus Mangel an Vätern, und in der dazwischen liegenden unbeständigen Zeit aus Mangel an Vertrauen in die Zukunft, bereits weniger Kinder geboren.

## Wollten die Leute früher mehr Kinder haben?

Ja, und nein, denn es kam schon immer darauf an, welcher Wert dem Nachwuchs zugemessen wurde.

In früheren Zeiten waren Kinder erwünscht

- als offenkundiger Segen – und diese Anschauung hatte nicht nur religiöse Gründe,
- als Erben – da waren natürlich Jungen begehrt, weil Mädchen, um ‚an den Mann gebracht' zu werden, eine Aussteuer benötigten und nach der Heirat zu der Familie ihres Mannes gehörten,
- als kostenlose Mitarbeiter – auch hier wurden Jungen bevorzugt, weil manche Tätigkeiten damals oft noch viel Kraft erforderten, die man bei Frauen nicht in dem gewünschten Maß voraussetzen konnte.

Darüber hinaus wurden reichlich ungeplante und oft nicht erwünschte Kinder gezeugt und geboren, denn bis in die Sechziger-Jahre des vorigen Jahrhunderts gab es weder risikoarme noch rechtmäßige Mittel, um unwillkommene Sprösslinge zu verhindern. Die Natur sorgte für einen überzähligen Nachwuchs; und der war damals nötig, weil längst nicht alle Kinder das Erwachsenenalter erreichten und auch nicht alle, die erwachsen wurden, heirateten und selber wieder Kinder bekamen.

## Es kommt auf die Kraft an!

Die Bevorzugung von männlichem Nachwuchs wurde immer damit begründet, dass ein Mann ja mehr Kraft hat als eine Frau. Da es im Zweiten Weltkrieg an Arbeitskräften mangelte, wurden kinderlose Frauen und Mütter, deren Kinder in ‚Kinderlandverschickung' waren, dienstverpflichtet: Man setzte sie in fast allen Berufen ein, wo ‚Not am Mann' war. Sie bekamen für diese Arbeiten weniger Geld, als zuvor die Männer erhalten hatten, denn – so lautete die Begründung – Frauen leisten ja weniger als Männer, weil sie nicht so viel Kraft haben! Aber da gab es, wie sich die alte Frau erinnern kann, zumindest eine Ausnahme, wo ‚die Kraft des Mannes' damals als Grund für einen gekürzten Lohn nicht reichte…

[- S. 53 Die Kraft des Mannes -]

Ab den Sechziger-Jahren des 20. Jahrhunderts sorgten die sexuelle Aufklärung und das erste sichere empfängnisverhütende Mittel dafür, dass eine Frau durch die ‚Pille', die in ihrer Verfügung liegt, nicht mehr gezwungen war, ungewünschte Kinder zu bekommen.

Seither werden hauptsächlich gewünschte und nur hin und wieder auch Zufallskinder geboren; insgesamt jedoch erheblich weniger als zuvor.

## Späte Elternschaft

Dass es in unserem Land weniger Kinder gibt, liegt auch daran, dass Frauen derzeit bei der Geburt des ersten Kindes wesentlich älter sind als vor zwei, drei Generationen. Ist das auf die sich kontinuierlich vergrößernde Lebensspanne zurückzuführen, sodass nun die Kindheit länger dauert und die Geschlechtsreife erst später eintritt? Nein, im Gegenteil, die Pubertät tritt sogar – besonders bei Mädchen – früher ein als vor drei oder vier Generationen. Warum werden Kinder trotzdem immer später geboren? Aus biologischer Sicht ergibt das nämlich keinen Sinn!

[- S. 54 Wenige und spät geborene Kinder -]

Unseren Gesetzgebern ist zwar vor mehr als sechzig Jahren die abnehmende Geburtenrate aufgefallen; über die weitreichenden Folgen haben sie zu der Zeit jedoch nicht allzu viel nachgedacht.

Nur eins haben sie erkannt, und zwar tatsächlich bereits in den frühen Fünfziger-Jahren: Kinderlosen Paaren geht es wirtschaftlich besser als Familien mit mehreren Kindern. Also wurde begonnen, immerhin vom dritten Kind an Kindergeld zu zahlen, das die Kosten mindern sollte, die die Kinder verursachen. Keiner ist damals auf die ‚absurde Idee' gekommen, den Müttern einen gebührlichen Lohn für ihre eingesetzte Arbeitszeit zahlen zu müssen, denn selbstverständlich ist doch nur Männerarbeit ‚lohnenswert'.

## Es war nicht nur das Geld

und die fehlende Anerkennung, die damals die Frauen bewogen haben, eine Berufstätigkeit dem Muttersein vorzuziehen und auf Kinder zu verzichten. Es war auch nicht die Steuer-, die Wohnungs-, die Arbeits- und die Sozialpolitik, die kinderlosen Paaren das Dasein erleichtert hat und es auch heute noch tut.

Der Verzicht auf Kinder hatte damals – und hat auch heute noch – viele unterschiedliche Beweggründe. Einer der damaligen entstand durch die Forderung des Arbeitsmarktes zur Mobilität. Diese Forderung war einer der

Anlässe, der zum Wegfall der traditionellen Familienverbände führte. Oma, Opa, unverheiratete Tanten und Cousinen standen nicht mehr für die Betreuung der Kinder zur Verfügung, wenn man dem Arbeitsplatz folgend in eine entfernte Gegend gezogen war.

Verwandte waren bis zu dieser Zeit die ‚Betreuungskräfte', die hin und wieder die Kleinen übernahmen, damit die Eltern arbeiten oder auch mal etwas unternehmen konnten. Dadurch benötigten die Eltern weder Ganztagskitas noch Nachmittagsbetreuung in den Schulen.

[- S. 55 Die Trennung von Jung und Alt -]

## Erziehung zwischen Anspruch und Wirklichkeit

Wenn es um die Erziehung unserer Kinder geht, dann gilt schon seit zwei Generationen ein Prinzip, welches aus Artikel 6 des Grundgesetzes hergeleitet wird: Kinder zu erziehen, ist das Recht der Eltern. Dieses Recht wurde ab den Sechziger-Jahren den Eltern verstärkt eingeräumt und von Gerichten bestätigt, weil genervte Nachbarn und andere Miterzieher die Kinder in gewohnter Weise ‚drangsalierten' oder gar schlugen.

Gleichzeitig legten Mitbürger, die jetzt nicht mehr miterziehen durften, den Erziehungsberechtigten die Pflicht auf, sich um ihre Kinder alleine zu kümmern, dafür zu sorgen, dass sie Erwachsene nicht belästigten, also möglichst nicht zu sehen und zu hören waren, weil ja jedes Recht die dazugehörende Pflicht einschließt.

[- S. 57 Privatsache Kindererziehung -]

Durch den Wandel in den Erziehungsvorstellungen waren Eltern bei ihren Heranbildungsaufgaben nun ganz auf sich gestellt. Nicht nur Lehrkräfte, sondern auch Erziehungsexperten vertraten die Ansicht, dass allein die Eltern sich um die gesamte Erziehung, auch um den Schulerfolg ihrer Kinder, zu kümmern hätten.

[- S. 60 Gleiche Bildungschancen für alle? -]

Unter den heutigen Bedingungen können wir uns nicht darauf verlassen, dass Frauen jemals wieder die idealisierten ‚Freuden des Mutterseins' als anstrebenswert empfinden und dadurch mehr Nachwuchs bekommen. Seit die Kinderarbeit abgeschafft, die Sexualität von der Fortpflanzung getrennt und die Altersversorgung von der familiären Generationenfolge entkoppelt wurde, bleibt nur der Wunsch nach Kindern übrig.

Es gibt nicht nur den naturbedingten Grund, Kinder haben zu wollen, aber verstandes- oder gefühlsmäßige Gründe für ein Kind werden immer mit den gleichen Gründen gegen ein Kind konkurrieren; daher könnte auch weiterhin bei vielen Paaren die Entscheidung für das leichtere Leben ganz ohne Kind ausfallen.

Wenn wir, wie in der Wirtschaft üblich, im Privaten auch vorrangig die finanzielle Rendite im Auge haben, dann werden Frauen feststellen, dass Kinder großzuziehen, trotz Entlastungsangeboten, bisher noch immer ein absolut schlechtes Geschäft ist.

Falls wir also, trotz globaler ‚Überproduktion', mehr Kinder haben wollen, dann müssen unsere Regierungen erkennen, dass ein Kind großzuziehen viel Zeiteinsatz und Arbeit bedeutet, und zwar Arbeitszeit, die es nicht noch weiter zum Nulltarif oder zu ermäßigten ‚Frauenlöhnen' geben kann. Die Regierenden werden irgendwann keine andere Wahl mehr haben, als Frauen, die Kinder haben möchten, entsprechende Angebote zu machen: bei den Lebens-bedingungen – und beim Geld.

# Na dann reden wir mal übers Geld

Mit Geld können wir zweierlei machen:
Wir können es ausgeben oder sparen!
Wofür wir es ausgeben,
wozu wir es sparen – oder sogar anhäufen,
das sind die wesentlichen Fragen!

Selbstverständlich müssen wir Geld ausgeben, um das zu erhalten, was wir zum Leben benötigen.

[- S. 62 Was wir zum Leben benötigen -]

Wir können Geld auch verwenden, um uns und anderen Gutes zu tun oder eine Freude zu machen, mit Sachen, die oft unnütz sind, jedenfalls vom Gebrauchswert hergesehen; und trotzdem einen Nutzen haben – für unser Wohlbefinden und für den gemeinschaftlichen Zusammenhalt.

Man kann mit Geld auch etwas erwerben, das man gar nicht braucht, nur um zu zeigen, dass man so viel Geld hat, um sich ‚Das' leisten zu können! Dann hat man ein Problem mit seinem Persönlichkeitsbild und sollte sein Selbstwertgefühl mal auf den Prüfstand stellen.

| Wer den Wert seiner Persönlichkeit an sein geldliches Vermögen koppelt, ist immer ‚arm dran'. |
| --- |

Als vorausschauender Mensch sollten wir einiges an Geld zurücklegen, um es für zukünftige Ausgaben und für Unverhofftes zur Verfügung zu haben. An die nahe Zukunft zu denken, ist die urtümliche Vorsorge, wie sie von allen verständigen Menschen betrieben wird.

Wenn wir uns einreden, dass man nie genug Geld hat, dann können wir Geld auch anhäufen, um damit viel, viel mehr – gewissermaßen also sinnloses Geld zu erzeugen.

Auf diese Weise entsteht jede Menge verkehrtes, sinnentleertes und für den Zusammenhalt undienliches Geld. Und solches ‚Falschgeld' bewirkt nichts Positives, nicht für den, der es besitzt, und schon gar nicht für die Gemeinschaft. Es ist reines ‚Egoismuskapital' und ‚schwerwiegender' Überfluss.

## Geld ist ein Tauschmittel

dessen Wert nicht mehr auf realer Habe – zum Beispiel Metallen –, sondern nur noch auf ‚Treu und Glauben' beruht. Leider steht der Brauch, einander in Treu und Glauben zu vertrauen, in unserer modernen Gesellschaft nicht mehr hoch im Kurs. Für alles Mögliche brauchen wir heutzutage schriftliche Verträge, Belege, Dokumente, Gütesiegel und seitenlange komplizierte AGBs, denn ehrliche Zusicherungen, auf die wir uns verlassen können, sind ein rares Gut geworden.

So tragen sogar alltägliche Lebensmittel pompös gestaltete Aufkleber, weil selbst in solchen simplen Tauschgeschäften – reales Alltagsgeld gegen reelle Alltagsware – ohne ‚Brief und Siegel' kein Verlass mehr gegeben zu sein scheint.

Dass wir den fantasievollen und aufwendigen Umhüllungen inzwischen auch nicht mehr trauen können –

- Kühe auf der Weide,
- scharrende Hühner im Gras,
- Erdbeeren im Joghurt –

auf der Anschauungsseite der Verpackung; –
aber in Wirklichkeit

- Kühe in Großställen,
- Hühner in Legebatterien und
- Erdbeerjoghurt – nicht mit Erdbeeren, sondern mit „Fruchtstückchen mit Erdbeergeschmack" in der Zutatenliste

zeigt, wie weit unser Wirtschaftssystem sich vom redlichen Ware-Geld-Austausch entfernt hat.

### Trotzdem, unserem Geld vertrauen wir!

Und wenn wir ihm demnächst nicht mehr trauen, löst es sich in nichts auf! Dann wird es nicht nur die kleinen Groschensparer, sondern auch die Mittelständler und die Reichen, die nicht auf Grund- und Beton-, sondern vorrangig auf Kapitalanhäufung gesetzt haben, ganz schön treffen. Nur die Vermögenden, denen genügend Sachwerte gehören, auf die sie zurückgreifen können, werden die erste Zeit des Geldwertverlustes ohne folgenschwere Schäden überstehen.

Man kann Geld auch noch auf eine ganz andere Weise einsetzen, nämlich als

**Machtmittel**

Und wer mächtig – das heißt, einflussreich – sein will, der braucht Geld, und zwar viel Geld – damit er seine Macht auch ausüben kann!

Wir sollten jedoch nicht vergessen, dass die Macht zwei Seiten hat: Es gibt einerseits die beherrschende und zerstörende, andererseits aber auch die beschützende und bewahrende Macht.

Laut der allgemeinen Auffassung wählen wir in einer Demokratie unsere Volksvertreter nicht, damit sie über uns herrschen, sondern damit sie uns – unser Leben, unsere Rechte und unser Hab und Gut – beschützen.

Wo ist also unser Geld besser aufgehoben:

- Bei den einflussreichen Mächtigen, die – dank des zur Verfügung stehenden Geldes – sich gut trainierte Lobbyheerscharen und Fachanwälte leisten können, um unsere Abgeordneten bei Gesetzen und Verordnungen in eigennütziger Weise zu beeinflussen,
- oder bei unseren Volksvertretern, die – jedenfalls laut ihres Amtseids – uns allen dienen, gerecht behandeln und Schaden von uns abwenden sollen!

Wohlgemerkt: uns allen! Und nicht vorrangig den Großverdienern, den Industriegiganten oder all denen, für die die Worte vom ‚Nutzen mehren‘ gedanklich an erster Stelle stehen ...

## Geld löst keine Probleme

Probleme – gleich, welcher Art – können nur durch eine wohldurchdachte Strategie gelöst werden.

Wer denkt, er brauche nur viel Geld, dann würden sich alle Probleme von selber lösen, der irrt. Er wird sie auch mit noch so viel Geld nicht los, denn:

Geld allein macht niemanden zu einem erfolgreicheren, liebenswerteren, begabteren, ideenreicheren, leistungsstärkeren, gesünderen –
und schon gar nicht zu einem ehrenwerten und zufriedenen Menschen...

Geld, das wir im Überfluss haben, kann uns genauso viele Sorgen bereiten wie das, was uns dringlich fehlt. Wer das anzweifelt, dem wünscht die alte Frau einen Lottogewinn, der hundertmal so hoch ist wie sein Jahresgehalt, viele neue ‚Freunde' sowie mehrere auf kurzfristigen Entscheidungen bestehende ‚gutmeinende' Berater.

Wie bereits gesagt: Geld löst keine Probleme!

Für die Bewältigung von Problemen gibt es einen allgemeingültigen Grundsatz: Wir müssen herausfinden, wodurch sie entstanden sind.

Und bei einer ausführlichen und gewissenhaften Erforschung der Gründe für die Entstehung eines Problems werden wir feststellen, dass der Wunsch nach Gelderwerb oder dessen Anhäufung, nach Besitz, Gepränge oder unverdienter Anerkennung immer der Antrieb für die Falschentscheidung oder eine Fehlentwicklung war.

[ - S. 63 Wenn's ‚am Geld' fehlt - ]

## Geld ‚fürs Soziale'

Was die alte Frau bei den öffentlich anstehenden Sozialproblemen am meisten stört, ist die einseitige Blickrichtung auf ‚das fehlende Geld'.

Selbst mit den besten Vorsorgemodellen, bei denen Erspartes tatsächlich gesichert für die Versorgung bei Krankheit und im Alter zur Verfügung stehen würde, wird das Gesammelte nie reichen, weil eine Lösung, die auf ‚ans-Geld-denken' beruht, stetig nach Ausbau strebt und somit immerzu teurer oder – beim gleichen geldlichen Einsatz – zwangsläufig schlechter wird. Denn bei den meisten Anbietern und Verbrauchern steigen mit vorhandenen Geldern immer die Ansprüche, die nur mit noch mehr Geld zu befriedigen sind ...

Geld ist wie Meerwasser,
je mehr wir davon trinken, umso durstiger werden wir.

# Alle Jahre wieder – das gleiche Thema

Nach der Währungsreform 1948 entwickelte die Wirtschaft typischerweise einen starken Aufwärtstrend, sodass in den folgenden Jahren die Menschen in unserem Land wieder ein zwar sehr einfaches, aber auskömmliches Leben führen konnten.

Die Einkommen stiegen, die Preise auch; unsere Regierung machte sich Sorgen wegen der zu geringen Renten, die – vor allem bei den Frauen – ständig unter den jeweiligen Sozialhilfesatz rutschten.

Mit dem Kapitaldeckungssystem, das aus Bismarcks Zeiten stammte, reichten die angesparten Beträge einfach nie aus. Ständig mussten die fehlenden Beträge durch Steuermittel angehoben werden.

Das leidige Thema „Zuschüsse für die Renten aus dem öffentlichen Haushalt" ist bis heute dauerhafter als jede Regierungskoalition.

**„Don't cry about spilt milk!"**

Das ist eine meiner Lebensregeln. Es macht wenig Sinn, Zeit damit zu vertun, falsche Entscheidungen der Vergangenheit zu beklagen und nach einem Verantwortlichen zu suchen, dem man sie anlasten kann, denn:

Wenn wir ein Problem aus dem Weg schaffen müssen, benötigen wir keine Schuldigen, sondern eine Lösung.

Jedoch ist es immer gut, über Ergebnisse nachzudenken,

- die durch unzureichende Planung entstanden,
- deren Lösungen aus gestrigen Voraussetzungen stammen,
- die durch halbherzige Verfügungen und Gesetze zustande kamen
- oder bei denen das Denken an die Kosten nicht ans Ende, sondern an den Anfang aller Überlegungen gesetzt wurde.

[- S.67 Sozialgesetze gegen Unruhen -]

Wie man ein besseres Rentensystem schaffen könnte, dazu haben in den Fünfziger-Jahren mehrere kompetente Leute Pläne und Entwürfe entwickelt.

Eine Ausarbeitung, die eine umfassende Sozialreform und einen soliden Generationenvertrag einschloss, wurde von dem Wirtschaftstheoretiker Wilfrid Schreiber erstellt.

Jedoch wurde 1957 das Rentensystem nur zum Teil basierend auf dessen Ausarbeitung: „Zur Reform der gesetzlichen Rentenversicherungen“ [1] vom 13. Dezember 1955“ – auf die ‚Gemeinschaftsaufgabe Altenversorgung‘ umgestellt.

Wichtige, mitzubedenkende Wechsel- und Parallelwirkungen wurden 1957 bei der Neugestaltung der Rentenversicherung von der Regierung nicht berücksichtigt.

Wilfrid Schreiber kam damals zu der Schlussfolgerung, dass die bis dahin favorisierte „bürgerliche Lösung" – wir häufen Kapital an und leben im Alter von den Zinsen – durch die kapitalistische Wirtschaftsentwicklung in Zukunft kein gangbares Modell mehr sein könne.

Ach, wie recht er doch hatte: Bei einer Nullzinspolitik – wie in den vergangenen Jahren – bleibt wahrlich gar nichts mehr zum Leben übrig.

Dieser Wirtschaftstheoretiker regte eine Rentenversicherung an, die man für etwa 4/5 der Bevölkerung öffnen solle, indem man Einzelhändler, Handwerker, Künstler und andere Normalverdiener gleich mit einbezieht und sie nach und nach für weitere Kreise zugänglich macht; denn auch damals gab es schon viele Selbstständige ohne genügende Rücklagen fürs Alter oder für eine Zeit mit schlechten wirtschaftlichen Bedingungen.

## Entscheidungen unter wahltaktischen Überlegungen

Jedoch sind unsere Parlamentarier 1957 diesem Ratschlag nicht gefolgt. Na ja, man musste Kompromisse schließen; und es standen in dem Jahr, in dem die neue Rentenversicherung beschlossen werden sollte, auch Bundestagswahlen an. Da konnte man nur das erledigen, was die Wahlklientel toleriert. Nicht nur Arbeiter und Rentner, sondern alle Wähler – auch die Gutbetuchten – mussten doch für ‚die Richtigen‘ ihre Stimme abgeben; und der konservative Mittelstand glaubte noch fest daran, dass demnächst

---

[1] Edition: „Die Kabinettsprotokolle der Bundesregierung” online
> Kabinettsausschüsse
> Ministerausschuss für Sozialreform 1955 - 1960 > Dokumente > Dokument 12

wieder die Zinsen ihres neuen angehäuften Kapitals fürs Alter reichen würden... Immerhin gab es zu der Zeit – verglichen mit heute – noch beachtliche Zinsen.

Wo wären wir in den heutigen Krisenzeiten, wenn die Regierung damals bereits die Altersversorgung auf eine solche breite Basis gestellt hätte?

Der Wirtschaftstheoretiker Wilfrid Schreiber regte damals an, in die Reform auch die

**Versorgungsleistung für die Kinder**

zu integrieren, damit Kinderlose, deren bessere Verdienstchancen schon damals gesehen wurden, nicht von der unentgeltlichen Arbeitsleistung der Mütter profitieren. Deshalb sollten alle Kinderlosen auch den doppelten Beitrag in die Rentenversicherung einzahlen.

Zur Politik gehören Spürsinn und Findigkeit, um das zu erreichen, was man aus seinem Blickwinkel für realisierbar hält. Und was man für realisierbar hält, hängt sowohl von der eigenen Weltsicht wie von der gemutmaßten Meinung der Wählerschaft ab. Wenn Wahlen anstehen und man wiedergewählt werden will, muss man ‚den Leuten aufs Maul schauen': Für anderer Leute Kinder mitbezahlen? Nein, das können wir den Wählern nicht zumuten!

„Wer das Vergnügen gehabt hat, soll auch für die Blagen zahlen!" War die entschiedene Meinung der meisten, vor allem aber der kinderlosen Männer. „Ich hätte ja gerne Kinder gehabt, aber ich habe keins bekommen; und dafür sollen wir jetzt bestraft werden?" der säuerliche Einwand der Frauen, die ungewollt oder ‚aus Vorsicht' keine Kinder hatten.

Ja, man soll die Leute nicht für Kinderlosigkeit bestrafen, aber man hätte den Rentenversicherungsbeitrag für die Arbeitgeber und Arbeitnehmer so hoch wie nötig setzen und ihn für die Arbeitnehmer mit Kindern – entsprechend der Kinderzahl – herabstufen können, mit anderen Worten: nicht bestrafen, sondern belohnen; das wäre einleuchtender und somit eher – mit einer kräftigen Portion Mut – durchführbar gewesen.

[- S. 68 Reformen zwischen Theorie und Praxis -]

Als die Rentenreform, die 1957 unter dem Bundeskanzler Adenauer beschlossen wurde, Kritik erhielt, weil die Kinderversorgung nicht in der vorgeschlagenen Weise integriert wurde, reagierte der Kanzler mit seinem legendären Ausspruch: „Kinder bekommen die Leute immer". Man muss dem alten Herrn eins zugutehalten: dass er natürlich noch nicht wusste, was die fast zur gleichen Zeit entwickelten Antibabypillen bewirkten, nämlich dass danach immer mehr Frauen selber bestimmen konnten, wie viele Kinder sie haben wollen.

**Hätte man**

1957 auf den Wirtschaftstheoretiker Wilfrid Schreiber gehört und in die Reform die Versorgungsleistung für alle Kinder (Kinderrente) integriert, wären dann in den folgenden Jahren mehr Kinder geboren worden? Anfangs vielleicht schon, aber keinesfalls auf Dauer, obgleich damals Kinderlose immer vermutet haben, dass die Leute nur deshalb „jetzt noch mehr Blagen bekommen, weil man von dem Kindergeld so gut leben kann".

Jedenfalls war die beschlossene Reform gegenüber dem damaligen Zustand ein epochaler Fortschritt, auch wenn die Regierenden nur teilweise dem erstaunlichen Weitblick des Experten gefolgt sind.

**1957**

lebten wir in der viel gepriesenen „sozialen Marktwirtschaft", deren Erfolg überwiegend auf dem Nachholbedarf nach einer fast fünfzigjährigen Zeit von aneinandergereihten Krisen beruht!

Das ‚Wirtschaftswunder' war nämlich gar kein Wunder, sondern ein typischer Aufschwung nach all den Jahren der Entbehrung. Notzeiten mit anschließendem wirtschaftlichem Aufschwung sind nichts, worüber man sich wundern muss, sie sind einfach ganz normal.

[- S. 70-‚Wellen' des Aufschwungs -]

Heute leben wir in dem – fast die ganze westliche Welt umspannenden – Neoliberalismus, der von einseitigem Denken, einem Übermaß an maskulinlastigen Entscheidungen und ausufernder Unredlichkeit geprägt ist, und dem es erheblich an Vernunft mangelt.

[- S.71 vernünftig? -]

# Wohlstand für alle ...

...ist eine Scheinverheißung, die zunehmend Verdrossenheit hervorruft, weil selbst der Unbedarfteste mittlerweile erkennt, dass unsere Erde es nicht hergibt, uns mit einer ständigen Wohlstandssteigerung für alle Bürger zu beglücken.

Als in den Fünfziger-Jahren die Wellen des Aufschwungs nach und nach auch den ärmeren Teil der Bevölkerung erreichten, haben viele an die fabelhafte Wohlstandsverheißung geglaubt.

Selbst als die weltweit vernetzte Wirtschaft die gemäßigte Dauer der Wohlstandsfolge von Reich nach Arm in eine abschüssige Rutschbahn verwandelte, hat man das Blendwerk noch eine Zeit lang weiter gehegt und gepflegt. Erst die Krisen, die mit den 2020er-Jahren hereinbrachen, lassen nun das gleisnerische Traumgebilde endgültig verblassen.

# Chancengleichheit für alle?

Wer direkt nach der Geburt in die ‚geerbte Wiege' gelegt wurde, kann wohlfeile Ratschläge erteilen. Plattitüden wie „jeder kann alles erreichen, wenn er sich anstrengt", oder „man muss nur wollen, dann schafft man es auch", sind hochkarätiges Geschwätz.

Selbst mancher, der es geschafft hat, sich aus einfachen Verhältnissen in die ‚nächsthöhere Klasse' oder was er dafür hält ‚hinaufzuarbeiten', glaubt an solche Gemeinplätze, und stellt sich als nachahmenswertes Beispiel dar. Er vergisst zu oft, an welchen Wegpunkten er durch

- eine besondere Anerkennung,
- einen beträchtlichen Zuspruch,
- eine notwendige Unterstützung,
- einen richtungweisenden Fingerzeig oder
- ein einmaliges Angebot zur rechten Zeit,

den entscheidenden Auftrieb erhalten hat, der ihn weiterkommen ließ.

Viele solche Schubse sind nötig, damit jemand dem verkommenen Hochhausviertel dauerhaft den Rücken kehren kann; schon alleine eine solche Adresse ist manchmal bei Bewerbungen ein Kriterium, das selbst ein brillantes Zeugnis konterkariert.

Bei denen, die es nicht schaffen, höhere Sprossen auf der Karriereleiter zu erreichen, übersehen wir viel zu oft, dass

- ein ungeduldiges: „Ach, du lernst das doch nie“,
- der unverdienten Tadel bei einem Missgeschick oder Irrtum,
- eine zu hohe Anforderung, weil die Vorbedingungen noch oder gar nicht vorhanden sind sowie
- eine geringschätzige Anspielung, die auf die Herkunft zielt,

Menschen vor der nächsten Anstrengung zurückweichen lassen...

Wer ständig ‚Hemmschuhe‘ angepasst bekommt, wird nie im Leben ein ‚Langstreckenläufer‘.

Vielleicht begreifen wir demnächst mal, wie wichtig die Tätigkeiten der gering gewürdigten Kleinverdiener sind. Dadurch, dass wir uns gestatten, „einfache Arbeit, für die man noch nicht mal eine vernünftige Schulbildung braucht“, ungenügend zu honorieren, nähren wir die Anmaßung, dass solche „niedrige Arbeit“ ja von Menschen erledigt wird, die nicht viel wert sind.

Es gibt genügend „studierte Leute“, die „keinen Nagel in die Wand schlagen können“ und sich mit ihrer Unfähigkeit auch noch brüsten. Sie gestehen sich noch nicht mal ein, dass eintönige Arbeit für ‚Denkarbeiter‘, die während einer Tätigkeit immer ihr Gehirn in Aktion setzen müssen, für sie nicht nur schwer zu ertragen ist, sie versagen sogar bei einem normalen Pensum, das die Geringgeschätzten mit links schaffen. Wie lange würde ein ‚Geistesarbeiter' an der Supermarktkasse bei der gleichförmigen Schiebebewegung und dem ständigen Piep-Geräusch durchhalten?

Dennoch: Die alte Frau gibt die Hoffnung nicht auf, dass wir vielleicht irgendwann, und sei es durch weitere Krisen, zur Vernunft kommen und von dem hohen Ross „Armut ist selbst verschuldet“ herabsteigen.

# Was eine Krise sichtbar macht

Bei uns ist alles in Ordnung, auch noch im Februar 2020, als in den Medien verstärkt von einem neuen Krankheitserreger berichtet wird. Wir sehen Bilder aus einer chinesischen Stadt mit menschenleeren Straßen. China mit dem – wie heißt das? Corona Virus SARS-CoV-2 – hm – ach, das ist ja weit weg.

Nein, ‚Es' ist schon da! Auch bei uns! Und in Italien, Frankreich, Spanien und Österreich ... Wir wissen es nur noch nicht! Oder wissen wir es doch?

### Was wir alles nicht wissen...

... das ist eine ganze Menge. Aber handeln muss unsere Regierung; und das möglichst schnell – und vor allem auch richtig. Wie handelt man richtig, ohne zu wissen, was ‚das Richtige' ist? Fachleute befragen, das wäre schon mal ein guter Anfang. Auf die brennenden Fragen haben die aber noch keine gesicherten Antworten; und einig sind sie sich auch nicht. Woher sollten sie denn auch genug wissen? Die wenigen Erkrankten, die hier und da bei den Ärzten auftauchen, reichen dazu nicht aus. Wo und wann sich wer ansteckt, bleibt erst mal im Nebel der Mutmaßungen.

Anfang März: Unsere Regierung ist noch auf Wartestellung, lässt sich informieren und beraten, hat aus dem Gemenge von Anhaltspunkten, Vermutungen und teilgesicherten Fakten eine durchführbare Abfolge der nötigen Maßnahmen für den Ernstfall erarbeitet und sich über die vorhandenen Kapazitäten informiert. Die Inventur im Gesundheitswesen zeigt etwas Brisantes, nämlich dass in Krankenhäusern viel Notwendiges nicht in ausreichenden Mengen vorhanden ist; und auch nicht umgehend herbeigeschafft werden kann, weil wir solche Dinge nicht mehr im eigenen Land produzieren. Und die Grenzen zu den produzierenden Ländern sind ziemlich undurchlässig geworden.

Inzwischen herrschen in Italien bereits unvorstellbare Zustände.

## Shutdown!

Die erste ersichtliche Gruppeninfektion zwingt unsere Staatsmacht zum Handeln: Ausgangssperre? Nein, wir vermitteln die leidige Botschaft den Bürgern viel wirkungsvoller: Alle sollen wegen der Ansteckungsgefahr ab jetzt mal eine Zeit lang zu Haus bleiben, lautet die fürsorglich klingende Anweisung. Das Haus verlassen und den ganzen Tag wie üblich ihrer Beschäftigung nachgehen dürfen nur die Berufstätigen, deren Arbeitsplatz systemrelevant ist. Alle anderen werden auf Kurzarbeit gesetzt, damit in den Arbeitsstätten nicht so viele Leute herumlaufen und sich gegenseitig anstecken. Wo es realisierbar ist, sollen die Angestellten ins Homeoffice.

Unsere Regierung lässt – in einer Mischung aus Verantwortungsgefühl und Betroffenheit – Geld in unvorstellbaren Mengen regnen ... Geschäfte, Sportstudios, Cafés, Restaurants, Vergnügungsstätten, Zoos, Kultureinrichtungen und – nein, auch Fußballstadien? – müssen schließen. Auf diese Weise sind wir aber für eine ‚Lange-Weile' gut versorgt.

Bloß Lebensmittelläden und Apotheken sind geöffnet. Zum Einkaufen sollen aber nur diejenigen gehen, die nicht zu den Alten oder den Vorerkrankten gehören. Glücklicherweise hat die alte Frau ja zwei Kinder, die für sie einkaufen können! – Nein, hat sie nicht! – Doch, die Kinder hat sie schon, aber ... die zählen auch bereits zu den – tatsächlich? A l t e n? – Sie kann es nicht glauben! Wo leben wir denn? Tja, in einer Altenrepublik!

Also kaufen die Jüngeren das Lebensnotwendige für die Familien ein: Klopapier und Nudeln. – In unserem Land sind diese Waren in kürzester Zeit ausverkauft und die Regale leer. In Italien gibt es keinen Wein, Türken brauchen unbedingt Eau de Cologne, Spanier tun es den Deutschen gleich: Nudeln und Klopapier.

## Systemrelevant...

*...ist die deutsche Autoindustrie!*

*Ach, ist sie nicht? Das wundert die alte Frau aber!*

*Und die Autoindustrie bestimmt auch ...*

Ärzte und Krankenhauspersonal sind selbstverständlich systemrelevant, darüber ist wohl keiner erstaunt; dass es aber in Kliniken selbst an der notwendigen Einrichtung, wie zum Beispiel Schutzkleidung und Masken, mangelt, schon.

Als unerfreulich erweist sich jetzt, dass in den ‚guten Zeiten' davor viel zu viel Pflegepersonal weggespart wurde, die vorhandenen Kräfte unterbezahlt und – auch bereits ohne das Virus – überbelastet sind.

Deshalb ‚spenden' wir den ‚Unermüdlichen' doch mal jeden Abend eine Klatschorgie, sodass sie wissen, wie hoch wir sie schätzen. Und vertrösten sie damit auf bessere Zeiten, in denen sie dann vielleicht sogar besser bezahlt werden? Na, ja, auf der langen Bank liegen schon ein paar Münzen oder?

Mit dem Applaudieren können wir gleichzeitig auch gegen unsere Einsamkeit, die ausgebremste Lebensfreude, die Angst vor der möglichen Ansteckung und das beklemmende Gefühl von Ungewissheit in uns selber anklatschen.

Systemrelevant sind Virologen, Ärzte, Pharmazeuten, Apotheker und Chemielaboranten ...

Aber auch die,

- die arbeiten müssen, damit wir Wasser und Strom haben.

Ach, diese Leute sind es doch gewohnt, dass sie – genauso wie

- Feuerwehrleute und Polizisten –

kein geregeltes Wochenende kennen, ebenso wenig wie

- Kranken- und Altenpflegekräfte,
- das Betreuungspersonal in Heimen und
- natürlich die Hebammen.

Systemrelevant – oder, verständlicher ausgedrückt – unentbehrlich sind auch diejenigen, die uns all das liefern, was wir wegen der geschlossenen Geschäfte und Gaststätten notwendigerweise im Internet oder telefonisch bestellen, zum Beispiel:

- Post- und Paketzusteller sowie die Pizzaboten

Und bevor wir auch diese günstigen ‚Geister' nach der Krise wieder vergessen können, diejenigen, die in den Lebensmittelläden den Betrieb am Laufen halten:

- Kassiererinnen und Auspacker
- Regaleinräumer und Putzkräfte.

Fällt uns bei dieser Liste mal was auf?

| Systemrelevant sind diejenigen, auf die wir uns in Notzeiten verlassen können müssen! |
| --- |

Und von denen wir viele mit dürftigen Löhnen abspeisen.

Solange wir solche – oft belastende – Tätigkeiten, auf die kein Mensch verzichten kann, weil wir deren Leistungen ständig benötigen, widersinnigerweise schlecht vergüten und die Menschen, die die Plackerei auf sich nehmen, zu oft gering achten, werden wir kein krisenfestes soziales Einvernehmen bekommen.

## Nicht systemrelevant...

...sind Schulen und Kitas. Wer hätte das gedacht! Kinder müssen zu Hause bleiben und dürfen auch nicht zu Oma und Opa. Warum? Wegen der Ansteckungsgefahr, von der wir noch nicht wissen, wie sie tatsächlich wirkt und wer sich wo bei wem am ehesten ansteckt.

Wenn beide Eltern einen Beruf ausüben, in dem sie gebraucht werden, gibt es für deren Kinder eine ‚Notbetreuung'.

In Not sind diese Kinder aber nicht; das gilt eher für die, die zu Hause bleiben müssen, im x-ten Stock einer Hochhaussiedlung, und die den gesamten Stoff allein oder mit Hilfe ihrer Eltern lernen sollen, in deren Schulzeit ganz andere Dinge – oder zwar dieselben, aber auf eine ganz andere Weise – gelehrt wurden.

Fortschrittliche Lehrkräfte senden ihre To-do-Listen per E-Mail an ihre Schüler; oder sie sind in der Lage, die Aufgaben ins Internet zu stellen; etliche wissen sogar, wie skypen geht. Und in einigen Schulen sind auch die entsprechenden Geräte schon dafür vorhanden, sodass die Lehrkraft mit den Schülern, die auch zu Hause über diese Technik verfügen, ein lehrreiches Gespräch führen kann.

Die ‚Traditionalisten' unter den Lehrkräften senden die Hausaufgaben per Post, mit der Anforderung, sie bis übermorgen zurückzusenden. Die Schreibwarengeschäfte sind zu, die einzige Poststelle ist viele Kilometer weit entfernt; und der Briefkasten? Längst abgebaut.

Mit Bestürzung müssen wir im Nachhinein feststellen: Die schlechtesten Bedingungen haben die Kinder mit den schlechtesten Bedingungen ...

*Wer konnte das denn ahnen?*

# Entgangene Probleme

Zu unserem Erstaunen hat das Corona-Virus doch tatsächlich mehrere verhehlte Probleme aus irgendwelchen dunklen Ecken ans Licht gezerrt:

- Zu wenig Pflegekräfte und ‚Grundmaterial' in unseren Krankenhäusern und Pflegeheimen,
- zu viel ‚Auslagerung' von Produktion ins – nun nur noch bedingt erreichbare – Ausland,
- schlecht ausgerüstete Schulen mit einem überaltertem Lehrkräfteanteil,
- zu viele Selbstständige ohne ausreichende finanzielle Absicherung für Krisenzeiten mit Einkommensausfall, und
- eine im ‚guten Glauben' verschleierte Skrupellosigkeit, die die Corona-Krise so ganz unerwartet nebenher offengelegt hat:

Skandalöse Produktionsbedingungen!

Zwar wurde unser Blick nur auf die Fleischindustrie gerichtet – und nicht als gesamtwirtschaftliches Problem ‚erkannt' – aber zig Erkrankte an einem Tag und an einer einzigen Stelle waren nun mal – selbst beim sonst üblichen gründlichen Wegschauen – an dieser Stelle beim besten Willen nicht mehr zu übersehen.

Jahrelang sind unsere Politiker den Wünschen der Industrie gefolgt und haben den Beteuerungen Glauben geschenkt, dass auch bei Sub-Sub-Subunternehmer-Konstruktionen alles in einem verantwortungsbewussten und rechtmäßigen Rahmen ablaufen wird, sodass regelmäßige Kontrollen sich weitgehend erübrigen.

Durch bedenkenlose Arglosigkeit, die auf effektive Kontrollen verzichtet, auf der einen Seite und ungetrübte Ausnutzung der ‚Schwammgesetze' auf der anderen kann so auf beiden Seiten viel Geld gespart und verdient werden. Und das wahrscheinlich nicht nur in der Fleischindustrie.

Bedauerlicherweise mussten wir auch noch zur Kenntnis nehmen, dass es anscheinend viel mehr ältere – gesundheitlich stark angeschlagene – Arbeitnehmer gibt, als bisher angenommen wurde.

Man musste feststellen, dass die ‚kleinen Leute' prozentual viel öfter an Corona erkrankten als die ‚Bessergestellten' im gleichen Alter.

Wie viele von den einfachen Arbeitern und Angestellten werden künftig an Long Covid leiden und können deshalb ihren Job nicht mehr ausüben? Wie können wir sie trotzdem noch arbeitsfähig halten, sodass sie – wie einkalkuliert – noch bis 66, 67 oder sogar bis 70 arbeiten können?

Wieso haben wir eigentlich unter den ‚einfachen Leuten' so viele gesundheitlich Beeinträchtigte? Könnte es sein, dass solche Leute nicht genug für ihre Gesunderhaltung tun?

Wird dieses Thema angesprochen, gilt als Erstes: Für seine Gesundheit ist jeder selber verantwortlich. Ja, teilweise schon! Es wird zum Beispiel keiner gezwungen, sich durch übermäßigen Konsum von Genussgiften zu schädigen. Jedoch sind wir nicht verantwortlich für Leiden, die in unseren Genen liegen und die wir uns durch Unfälle oder ungesunde Lebensbedingungen zugezogen haben.

Unsere Entscheidungsträger haben dem Anschein nach bisher noch nie darüber nachgedacht, dass die meisten kleinen Leute weder ihre Arbeitswelt noch ihre Wohnumgebung so gestalten können, dass sie gesundheitlich verträglich ist. Kleinverdiener sind nun mal mehrheitlich belastenden Arbeits- und Lebensbedingungen ausgesetzt.

[- S. 72 Gesundheitsschädigende Lebensbedingungen -]

Na ja, gesundheitliche Beeinträchtigungen sind doch eigentlich nicht mehr so bedeutend, denn wir haben schließlich ein gut funktionierendes Gesundheitssystem, welches über genügend Mittel verfügt, alle Schäden umgehend zu reparieren. Wir müssen nicht länger auf die Natur vertrauen und dem Körper die nötige Zeit zur Heilung lassen.

Der Knackpunkt ist jedoch: Schäden im Eilverfahren durch ‚Nebenhertabletten' zu behandeln, hilft unserem Körper nie so wirkungsvoll wie eine naturgemäß reparierte Widerstandskraft! Wir übersehen, dass die übliche ‚Schnellbesserung' meistens nur ein Wegwischen von Symptomen ist. Die dahinterliegende Schädigung ignorieren wir. Und wenn wir das häufiger tun – oder wegen der Arbeit tun müssen –, haben wir gute Chancen, frühzeitig bei den Angeschlagenen und in der Frühverrentung zu landen.

Alleine wegen der Folgekosten, die fast nie die Verursacher tragen müssen, sollten wir auf den Abbau krankmachender Lebensbedingungen drängen. Bisher wurden bei derlei Vorschriften anscheinend aber nur die wirtschaftlichen Pluspunkte und zeitnahen Vorteile berücksichtigt, statt auch mal die Kosten für die Folgeschäden auf der Liste zu haben.

Da seit mehr als einem halben Jahrhundert bereits viele Frührentner durch berufliche Überlastungsschäden aus dem Arbeitsleben ausscheiden, sollten wir – gemäß dem Verursacherprinzip – wenigstens bei festgestellten Berufsschäden die Frühverrentung nicht mehr den Rentenkassen, sondern den Unfallversicherungen aufbürden.

Vielleicht wären Betriebe bei einer teurer werdenden Unfallversicherung etwas eher bereit, gesundheitsschädigende Arbeitsbedingungen bei der Planung der Arbeitsvorgänge mitzubedenken und sie zu beseitigen.

# Was ist Liberalismus?

Klassisch gesehen steht er für eine Herrschaftsform, die dem Einzelnen alle Freiheiten des Denkens und Handelns zugesteht. Dennoch sind Freiheiten und Rechte begrenzt, nämlich immer dort, wo sie auf Freiheiten und Rechte der anderen treffen. Auch in einer noch so freien Gesellschaft sind – nach den Regeln des Liberalismus – die Rechte der anderen und die eigenen Pflichten zu beachten.

[- S. 75 Rechte und Pflichten -]

# Wodurch ist unsere Welt aus den Fugen geraten?

## Im 19. Jahrhundert

wurde mit der Industrialisierung eine ‚unbändige' Fortentwicklung in der Menschheitsgeschichte erreicht, durch den sich – neben manchem, was das Leben erleichtern kann – viel zu viele negative ‚Begleiterscheinungen' entwickelten. Von Anfang an wurden wirtschaftliche Entscheidungen fast immer nur unter Rendite- oder Prestigeaspekten gefällt. Über Folgekosten und Schäden für die Natur wurde nicht nachgedacht. Tja, alles Neue hat nun mal eine betörende Wirkung.

[- S. 77 Industrielle Fehlentwicklungen -]

## Im 20. Jahrhundert

bewirkten wir noch einen weiteren weltumspannenden Fortschritt: die elektronische Datenverarbeitung, die uns ebenfalls vieles erleichtern kann, aber zu weiteren Komplikationen führt. Denn auch bei dieser Neuerung wurde der Blick lange Zeit nur auf die positiven Möglichkeiten gerichtet.

Beide Entwicklungen hatten – wie alle folgenschweren Veränderungen – ein ‚Janusgesicht'. Jeder Fortschritt in der Menschheitsgeschichte ist von konträren Aspekten und Auseinandersetzungen begleitet worden.

Archäologische Grabungen haben uns unter anderem gezeigt, dass das Sesshaft werden – (Neolithische Revolution) – viele kriegerische Konflikte auslöste zwischen der Kultur der Jäger und Sammler, die seit ‚ewigen Zeiten' in und von der Natur lebten, und der neu entstandenen Kultur der Bauern, die auf die verwegene Idee kamen, Grund und Boden, zu ihrem dauerhaften Besitz und was darauf wächst zu ihrem unantastbaren Eigentum zu erklären; ‚Besitztum' ist eine Denkweise, die es in der Natur nicht gibt.

Durch Zeichen, denen die ‚Steinzeitmenschen' eine feste ‚Bedeutung' zuwiesen, entwickelte sich eine Methode der Weitergabe von Wissen und Lebensanschauungen.

Damit konnten die unterschiedlichsten Gesellschaftsgruppen Kenntnisse austauschen, Standpunkte abklären, kulturübergreifende Bestimmungen festlegen, Übereinkünfte erreichen, Verträge bekräftigen und manche kriegerische Auseinandersetzung von vorneherein vermeiden oder endlich beenden.

Nach der Erfindung des Buchdrucks, der bewirkte, dass Gedankengut sich ‚in Windeseile' verbreiten konnte, gab es in Europa eine ein volles Jahrhundert andauernde Zeit mit Disputen, Konfrontationen, Aufständen und – vor allem in den deutschen Fürstentümern – einen dreißig Jahre währenden Krieg mit großen Verlusten.

Als Kolumbus Indien entdeckte – na gut, er hatte sich ‚verrechnet', seine Entdeckung betraf einen neuen Kontinent, mit vielen ‚absonderlichen' Lebensarten – da waren es die Europäer, die mit ihren ‚von Gott gesandten Geboten' und – um es nicht zu verheimlichen – ihrer Sucht nach Gold viele der neu entdeckten Kulturen und deren Wissen weitgehend zerstört haben.

Nun stehen wir

- mit der Industrialisierung im 19. Jahrhundert,

die sich sowohl in der kapitalistischen Übertreibung wie im verzerrten und unrealistischen kommunistischen ‚Gleichheitsbild' austobt,

- und der elektronischen Datenverarbeitung im 20. Jahrhundert

mit dem ‚unverbindlich' herangewachsenen und aufgebauten Internet, erneut vor schwerwiegenden kulturverändernden, und zugleich auch weltumspannenden Problemen, die nicht mehr ‚vor Ort' gelöst werden können, und durch die die Menschheit in Gefahr gerät, von unserem Planeten weitgehend getilgt zu werden, wenn es uns nicht gelingt, weltweit zu einigermaßen praktikablen Regeln des Zusammenlebens zu kommen.

Wir werden es nicht schaffen, wenn wir weiter beständig auf kurzsichtigen maskulinen Peilentschlüssen – so geht das und nicht anders – beharren und dem femininen ‚übersichtlich' Denken – das könnten wir aber auch so oder vielleicht auch so oder womöglich mal ganz anders machen – zu viel Raum geben.

[- S 84 Unterschiedliche Denkweisen -]

**Es ist höchste Zeit**

ein ausgewogeneres Denken und Handeln anzuwenden, statt im üblichen Mehrdesselben unseren Niedergang zu erreichen.

Wenn es um die Bewahrung unsere Erde geht, da spielen wir nämlich Mikado: Die Nation, die als erstes beginnt, den Umweltschutz vordringlicher zu behandeln, als es die derzeitige jeweils favorisierte wirtschaftliche und politische Richtung ‚erlaubt', hat nicht nur den Wettlauf um die Ausbeutung aller Ressourcen verloren, sondern auch sofort viele Gegner gegen sich.

**Wie schlecht es unserer Erde mittlerweile geht ...**

das glauben die jungen Leute zu wissen, die auf die Straße gehen, um lautstark zu protestieren. Was wollen sie mit ihren Protesten erreichen? „Dass etwas gegen die Erderwärmung unternommen wird!" Ja, aber was wäre denn gegen das Problem zu tun? „Darum muss sich die Politik kümmern." Welche Politik? Das Problem des Klimawandels ist ein weltweites; und dementsprechend eng mit den Zielrichtungen der jeweiligen Herrschaftsideen und Wirtschaftssystemen verbunden! Solange sich dort nichts bewegt, kann unsere Regierung nur minimale Korrekturen mit wenig Breitenwirkung erreichen.

Während des ‚Lockdowns' im Frühjahr 2020 konnten wir erkennen, dass weniger Autos und Flugzeuge weniger $CO_2$-Ausstoß bedeuten. Wollen wir deshalb in Zukunft – für die Zukunft – auf Flugreisen verzichten und uns, statt mit Autos, nur noch mit Fahrrädern fortbewegen?

Wahrscheinlich nicht, denn in der Pandemie mussten wir ja mit viel Geld als Erstes unsere Lufthansa retten. Warum? Weil wir sie brauchen! Wozu? Als Prestigeobjekt?

Nein, es wäre ‚undenkbar' gewesen, den Berliner Großflughafen ohne eigene Fluggesellschaft zu eröffnen! Oder war die Rettung nötig, weil wir uns auf die Fluggesellschaften anderer Länder nicht verlassen wollen? Vielleicht ging es – na, ja, so nebenher – auch um einige Arbeitsplätze.

Bereits im Juni 2020 sind die ersten Touristen schon wieder nach Mallorca geflogen, auf eine Insel, wo die Urlauber als Erwerbsmöglichkeit für die Einheimischen systemrelevant sind. Dürfen wir die Bewohner ‚unserer' Ferieninsel im Stich lassen? Dieses schöne Urlaubsparadies, wo unsere gestressten Menschen sich mal richtig danebenbenehmen können, müssen wir uns doch erhalten! Oder etwa nicht?

Nein, auch auf unsere Autos werden wir zukünftig nicht verzichten. Oder doch? Na ja vielleicht auf das Zweitauto. Können wir denn nicht alle den Weg zur Arbeit mit öffentlichen Verkehrsmitteln zurücklegen? Ja, wenn die nächste Haltestelle drei Minuten entfernt und die Arbeitsstelle ohne Umsteigen zu erreichen ist, vielleicht sind wir dann bereit, uns jeden Morgen mit der gesamten Schülerschar in die überfüllten Busse zu quetschen. Denn Arbeits- und Schulbeginn heißt in unserem Land: Punkt 8 Uhr! Carsharing mag gut sein, um Lebensmitteleinkäufe erledigen zu können, denn ins Fahrradkörbchen passt nicht viel rein; und von den vier Discountern mit den gerade gültigen Sonderangeboten, durch die man ein paar Euro sparen könnte, sind drei zu weit weg, um sie zu Fuß zu erreichen.

> Gründe gegen Änderungen finden wir immer! Und ‚Die anderen, die mehr für die Umwelt tun müssten' kennen wir auch.

Trotz der ‚Wenns und Abers' meint die alte Frau, dass es sinnvoll sein kann, wenn kundige junge Menschen gegen die Klimaveränderung und die Naturzerstörung mit Maß und Ziel ernsthaft aufbegehren.

[ S. 85 sinnvoll ]

## Politiker – ein Beruf für optimistische Fatalisten?

> Die Kunst der Politik besteht darin, die Stimmen der Armen und das Geld der Reichen zu erlangen und gleichzeitig beiden zu versichern, sie voreinander zu beschützen.

Dieser alte Spruch ließ anscheinend unsere Volksvertreter 1957 vor zu viel Reform zurückschrecken. Der Lebenstraum der Bourgeoisie – „wir müssen nur eine Million verdienen, dann brauchen wir nicht mehr zu arbeiten, sondern können von den Zinsen leben" – war trotz einer Megainflation und der Währungsreform – zwei Ereignisse, in denen fast alles

Ersparte entweder in die Beletage wechselte oder im Machthaberwahn verloderte – einfach noch zu verführerisch.

Inzwischen ist zwar der grandiose Traum vom Zinsvermögen im neoliberalen Wirtschaftssystem untergegangen, jedoch scheint es noch immer einige Unverdrossene zu geben, die an der antiquierten Methode „wir benötigen nur genügend Kapitalanlagen für die Altersversorgung" festhalten wollen. Eine ganze Million ist bei neo-liberalen Regeln mit der Hände Arbeit auch in einem erweiterten Arbeitsleben nicht zu schaffen und wird bei stetig steigenden Preisen auch niemals für die verlängerte Alterszeit reichen. Zinsen, von denen man leben kann, wird es für das Gro der Bevölkerung nicht mehr geben. Dafür sorgen bereits seit Jahrzehnten die zahlreichen Finanzspielchen im Kapitalismus.

Der alte Spruch über die Kunst der Politik gilt noch heute! Nur beim ‚Beschützen' scheint es mittlerweile zu hapern.

Was bringt Menschen dazu, unsere Feuerwehr- und Rettungskräfte anzugreifen? Warum schlägt eine friedfertig begonnene Demonstration plötzlich in Gewalt um?

Die Gefahr eines Klassenkampfs, weil die Reichen mit ihrer Geldmacht die Armen noch weiter an den Rand drängen, sodass die kleinen Leute ‚auf die Barrikaden' gehen, befürchtet die alte Frau zwar nicht, aber ...

[- S. 88 Auf die Barrikaden -]

## ... es rumort derzeit an vielen Stellen

Ist durch kurzsichtige Fraktionsstreitereien und bedenkenlose Sticheleien der Opposition das Vertrauen in unsere ‚bewährte' Parteienlandschaft bereits so weit geschrumpft und die Verdrossenheit der ‚sich zurückgelassen Fühlenden' so hochgestiegen, dass große Anteile des Wahlvolks von populistischen Gruppen vereinnahmt werden können?

Ist das Vertrauen in die Staatsmacht schon so weit geschwunden, dass Unbedarfte schnell von zersetzenden Randgruppen vereinnahmt werden können? Sind manche Leute derart verunsichert, dass sie zurück in eine Welt wollen, in der „wieder Recht und Ordnung herrschen" und in der sie sich in ‚Reih und Glied' bewegen dürfen? Gibt es in unserem Land zu viele Mitmenschen, die – trotz des Virus und der Erfahrung, dass jeder Mensch irgendwann auf die Hilfe anderer angewiesen ist – das ‚Miteinander' aus ihrem Wortschatz so konsequent gestrichen haben, dass sie nur an ihre Belange denken können?

Es gibt schon einige Alarmzeichen, die wir ernst nehmen sollten.

Auch der Erwerb von Waffen steigt an ...

| Wer sich nicht beschützt fühlt, greift zum Selbstschutz. |
| --- |

Und konterkariert damit das für eine solide Gemeinschaft unerlässliche Gewaltmonopol des demokratischen Staates.

[ - S. 88 Fehlende Gemeinsamkeiten - ]

## Es ist an der Zeit ...

erneut darüber nachzudenken, wie wir aus dem beharrlich schwelenden Versicherungsdilemma endlich herauskommen. Vielleicht gibt es irgendwo in unserem Land kompetente Wirtschaftstheoretikerinnen, die konkrete Vorschläge unterbreiten können.

Oder wir nehmen uns mal an praktikablen Lösungen in anderen europäischen Ländern ein Beispiel.

### In unserem derzeitigen Generationenvertrag

sorgen die Tatkräftigen sich um den Nachwuchs u n d die Erschöpften.

Die Krux dabei ist, dass in unserer Gesellschaft

- einerseits die Ausbildung der ‚Vortatkräftigen', also der Teil des Nachwuchses, der, n a t u r b e d i n g t g e s e h e n, schon für sich selber sorgen könnte, aber eine naturwidrig lange Zeit des Heranwachsens und selbstständig Werdens benötigt,
- andererseits weder die Geringverdiener noch die ‚Angeschlagenen' mit ihren verbliebenen Kräften keine Chance haben, ihren Lebensunterhalt samt einer auskömmlichen Altersversorgung zu erwirtschaften, und

beide Gruppen eine so große Zeitspanne einnehmen, wie sie für kein Lebewesen auf unserem Planeten vorgesehen ist.

[ S. 89 Die Vortatkräftigen ]

## Jeder Gruppe ihre spezielles Versorgungstöpfchen

***oder die vortreffliche deutsche Version eines ‚Kastensystems'.***

Während die Zuwendungen für den Nachwuchs, ungeachtet aus welcher ‚Volksschicht' sie stammen, teilweise von den Eltern und zusätzlich durch Steuerentlastung und Kindergeld, von der Allgemeinheit erbracht werden, erhalten die Rentner und Pensionäre ihre Versorgung aus den verschiedensten Töpfen.

*Die Superreichen benötigen gar keine Altersversorgung, weil sie genug Geld haben, um zehnmal alt zu werden; da kommt vielleicht sogar genug zusammen, damit die verhältnismäßig wenigen Angeschlagenen unter ihnen nicht bei der Sozialhilfe anklopfen müssen.*

*Die Reichen können sogar den Armen ‚vorzügliche' Ratschläge erteilen, wie man mit Aktien und Wertpapieren genügend Geld für die alten Tage beschaffen könnte; also werden deren Angeschlagene wohl entsprechend viele sinnreiche Tipps kennen, um genug Geld zu bekommen, mit dem sie sich beizeiten zur Ruhe setzen können.*

*Die Mittelständler, kleine Handwerksbetriebe und Soloselbstständigen müssen ihre Altersversorgung in Eigenregie organisieren; dabei sind sie auf wirksame Geschäftsideen, teure Versicherungen, findige Anlagenberater und einträgliche – manchmal auch riskante – Rücklagen angewiesen. Wenn dabei zu viel schief geht, finden sie sich als Angeschlagene und Alte auf der untersten Stufe bei den ganz Armen wieder.*

*Höheren Angestellte und Staatsdiener beziehen ihre Pensionen aus verschiedenen Töpfen, wobei die Töpfe dieser Verdienergruppen aufgrund unterschiedlicher Richtmaße und Regeln zwar ungleichartig, aber stets ohne lange Erörterungen ausreichend gefüllt werden.*

*Für die Arbeiter und kleinen Angestellten wartet ein individueller Topf ständig auf ausreichende Befüllung. Und der Inhalt dieses Topfs muss – seit der Rentenreform von 1957 – immer wieder aus Steuergeldern aufgefüllt werden, weil das zugeflossene nie für diese Gruppe reicht …*

Woher kommt es, dass der Topf für die Leute mit den geringen Löhnen chronisch an Unterfüllung leidet, wo doch die anderen Töpfe jeweils gut gefüllt zu sein scheinen?

# Wie werden wir mit immer mehr Alten fertig?

Mit welchen Alten? Wahrgenommen werden vorrangig nur diejenigen, die der Gemeinschaft ‚auf der Tasche liegen'. Und das ist ein ernstes Problem und ein extrem dauerhaftes obendrein! Geldlich gesehen sind die Alten ein beträchtlicher Kostenfaktor. Trotz allem: Wir können sie nicht ignorieren, noch können wir die Bürden, die sie durch ihr Dasein der Gemeinschaft auferlegen, einfach abtun ...

Wenn immerzu geklagt wird, in Zukunft würde der Bedarf an geldlichen Mitteln für die gesundheitliche Versorgung und die Pflege von Alten überproportional ansteigen, dann ist das eine Annahme, die das Potenzial einer sich selbst erfüllenden Prophezeiung hat, denn unser Wirtschaftssystem führt zwangsläufig zur Konzentration auf immer mehr Großanlagen, sodass kleine und mittlere Arbeitsstätten ‚aussterben' und die bisher Selbstständigen und deren Angestellte sich einen Arbeitsplatz bei einem der ‚Spar-an-den-Lohnkosten-Betreibern' suchen müssen.

Und wenn wir weiterhin dem ärmeren Teil der Bevölkerung viele, die Gesundheit beeinträchtigende, Arbeitsbedingungen zumuten, werden wir immer mehr Lohnempfänger haben, die mit gesundheitlichen Schäden vorzeitig in Rente gehen müssen.

## Ist das Rentenalter noch weiter heraufzusetzen

eine vernünftige Antwort auf das Altenproblem? Diese Folgerung scheint unter einer oberflächlichen Betrachtungsweise erst einmal schlüssig: Wenn die Lebenszeit länger wird, kann auch die Zeit der Erwerbstätigkeit ausgedehnt werden. Die Krux ist jedoch, dass nur darüber nachgedacht wird, um die beharrlich klammen Kassen zu entlasten:

| Wir schieben das Eintrittsalter hinaus und kommen dadurch für die Rentenkasse zu mehr Beitragszahlungen und später zu kürzeren Lebens- und Rentenzeiten für den ärmeren Teil der Bevölkerung. |
|---|

Hervorragend gedacht! Finanziell gesehen kommen wir so nämlich zu einer doppelten Entlastung für die Staatskasse.

Menschlich gesehen – na ja!

## Aktiv oder passiv leben

Schauen wir uns die Senioren aus den unterschiedlichen sozialen Schichten einmal etwas genauer an, dann können wir feststellen: Agil hochbetagt wird überwiegend derjenige, der ein gesundes und selbstbestimmtes Leben führen kann – und das auch tut. Wer in der Arbeitswelt ‚etwas zu sagen‘ hat, kann angenehme Arbeiten selber erledigen und die ihm nicht genehmen oder ihn belastenden an Untergebene delegieren.

## Selbstbestimmer

können problemlos bis ins hohe Alter im Arbeitsleben stehen, wenn sie:

- nicht von schweren Krankheiten oder Unfällen getroffen werden,
- einen Beruf ausüben, der immer noch ihren Fähigkeiten entspricht,
- und der nicht an körperliche Kraft oder eine gewünschte Jugendlichkeit gebunden ist.

Sie müssen sich nur bei Bedarf ihre Ruhe- oder Auftankzeiten gönnen und nicht mehr Beherrschbares an ‚Untergeordnete‘ abgeben.

Dagegen dürfen

## Arbeiter und kleine Angestellte

normalerweise weder selbstständig ihre Aufgaben organisieren noch ihre Zeit nach ihren Bedürfnissen einteilen. Ihnen wird vorgeschrieben, wann sie zur Arbeit erscheinen und wie lange sie zur Verfügung stehen müssen.

Natürlich muss es Anordnungen geben, damit der Betrieb läuft, trotzdem bleiben auch an den Arbeitsstellen, wo es lediglich erforderliche Weisungen gibt, Einschränkungen für die Arbeitnehmer bestehen.

Falls wir das Rentenalter wirklich noch weiter heraufsetzen wollen, dann müssen wir dringend über die derzeitigen Arbeitsbedingungen nachdenken. Wir können es uns einfach nicht mehr leisten, Arbeitskräfte nur unter ökonomischen Gesichtspunkten zu sehen.

Mit anderen Worten: Es ist auch wirtschaftlich nicht sinnvoll, Menschen wie ‚Verbrauchsmaterial‘ zu behandeln.

# Die letzte Wohnstätte

Fragen wir unsere Alten, wo sie ihren letzten Lebensabschnitt verbringen möchten, dann gibt es bei vielen nur eine Antwort: „Ich will bis zuletzt in meiner Wohnung bleiben und dort auch sterben."

Seltsamerweise war es nicht immer so, dass die aus dem Arbeitsleben Ausgeschiedenen möglichst lange in ihrer Wohnung bleiben und für sich selber sorgen wollten. In den Sechziger- und Siebziger-Jahren des vorigen Jahrhunderts haben selbst rüstige Betagte oftmals bereits zu Beginn des Rentenalters das Heimplatzangebot gerne angenommen. Der damaligen Meinung nach waren die Altersheime vorteilhafte Wohnstätten für den endgültigen Feierabend.

Anders als heute herrschte in dieser Zeit ‚Vollbeschäftigung', sodass in vielen Arbeitsgebieten Sechzigjährige gebeten wurden, doch vorzeitig in Rente zu gehen, damit man den frisch ausgebildeten jungen Leuten den Arbeitsplatz anbieten könne.

### In den Heimen der Sechziger-Jahre

wurde ein alter Mensch „fürsorglich" betreut; man nahm ihm alle Arbeiten ab, die ihm doch wahrscheinlich demnächst zunehmend Mühe machen könnten. Außerdem erhielt er bei Unwohlsein, Krankheit oder einem Sturz sofort kundige Hilfe. Es waren Menschen um ihn herum, die genau wie er Zeit hatten für einen Plausch, ein Spielchen, eine Tasse Kaffee. Das Personal duzte die alten Leute und redete sie mit Oma und Opa an ... Nein, das war kein fürsorglicher, sondern ein übergriffiger Umgang.

Trotzdem waren diese Einrichtungen gewissermaßen Heimstätten und nicht wie heute lediglich Versorgungseinrichtungen für Pflegebedürftige. Nur an eines hat man damals – und bis heute – nicht gedacht:

| Jeder Mensch braucht eine ihm gemäße Aufgabe, um sich ‚nützlich' zu fühlen, und für die er die ihm zustehende Anerkennung bekommt. |
| --- |

### Mitte der Siebziger-Jahre

kamen erstmals Diskussionen auf, wie stark der Bau von Altersheimen demnächst gesteigert werden muss, weil es ja in Zukunft immer mehr aus dem Berufsleben Ausgeschiedene gibt, die Plätze in solchen Altersheimen benötigen.

Gleichzeitig wurde mit Sorge überlegt, woher das Geld kommen soll, um die vielen Heime errichten und betreiben zu können. Ja, auch damals wurde ans fehlende Geld gedacht, aber – das Anpacken des Problems in die nächste Legislaturperiode verschoben... Und von dort in die nächste... Und eins ist auch heute noch sicher, die nächste Legislaturperiode kommt – bestimmt! ...

Während die Altersheime der Sechziger- und Siebziger-Jahre meistens städtische oder gemeinnützige Einrichtungen waren, hat man für den gegenwärtigen Pflegebedarf auch manche Unterkünfte geschaffen, die von Investoren betrieben werden. Die Tätigkeit eines Investors besteht nun mal darin, als wichtigstes Entscheidungsmerkmal den Profit im Auge zu haben. Da sind die Bedürfnisse der Menschen nebensächlich. Können wir diese Fehlentwicklung vielleicht mal rückgängig machen? Nein, denn es geht ja um die ‚Wirtschaftlichkeit', für die scheinbar nur ein Investor sorgen kann, oder?

Wären staatlich Wirtschaftsprüfer mit einer Zusatzausbildung ‚zur Überprüfung von Sozialeinrichtungen' nicht die bessere Lösung, um die Kosten in Heimen auf einem tragbaren und trotzdem humanen Niveau zu halten?

Wenn wir – wie üblich – weiterhin nur vom Geld her denken, muss nämlich in von Investoren geführten Heimen dem wirtschaftlichen Handeln Priorität eingeräumt werden vor der Lebensqualität der Bewohner.

Dadurch wird sowohl der Aufenthalt wie auch das Arbeiten in Pflegeheimen zwangsläufig immer unerträglicher werden; und es wird junge Menschen davon abhalten, den Beruf einer geprüften Pflegekraft zu ergreifen.

# Wollen wir alt werden?

Der junge Mann, der im Bus vor mir sitzt, trampelt ungeduldig mit seinen Füßen, legt kurz den Arm um seine Freundin, nimmt ihn zurück, streicht sich über den Kopf, stößt hörbar den Atem aus, während er zusieht, wie mühsam eine ungefähr siebzig Jahre alte Frau vor ihm aus dem Bus steigt. Als sie endlich draußen ist, stöhnt er verstört aus: „Hoffentlich werde ich nicht so alt!"

[- S.94 „Hoffentlich werde ich nicht so alt" -]

Ich bin sicher, dass der junge Mann mit seiner ebenso despektierlichen wie unbedachten Äußerung nicht meinte, er wolle liebend gern jung sterben. Auch er wird wohl im Grunde hoffen, ein schönes langes Leben zu haben.

## Wie alt wollen wir werden?

Wie alt will der junge Mann werden? Vierzig, sechzig, oder vielleicht – trotz der Anspielung – sogar achtzig Jahre?

Welches maximal zu erreichende Alter schwebt ihm vor?

Wirklich weniger Jahre, als die alte Frau auf dem Buckel hat, die gerade mühsam den Bus verlässt?

Ich bin sicher, er denkt gar nicht an ein konkretes Alter in Jahren; falls er an das eigene denkt, wünscht er sich ein Leben ohne Altersmühsal. Er – und mit ihm sicherlich viele junge Menschen – hofft auf die Realisierung der übertriebenen Werbeversprechen: Du wirst bis zum letzten Tag jung, schön, vital und lebensfroh sein, wenn du unserem neuartigsten Trend folgst, wenn du unsere Angebote nutzt, wenn du unsere Produkte kaufst!

Deshalb stellen wir die Frage noch mal ein klein wenig um:

## Wie wollen wir alt werden?

Jedenfalls möglichst ohne ernste Erkrankungen, ohne ein Nachlassen der Kräfte, ohne geistige Einbußen, ohne Falten ... also ohne körperlich und verstandesmäßig zu altern. Aber das wird für die meisten Menschen ein Wunschtraum bleiben, denn der Alterungsprozess ist ebenso wenig zu vermeiden wie der Tod. Wir können nur versuchen, beides durch ein ausgeglichenes Leben hinauszuziehen.

Verbesserte Lebensbedingungen und der medizinische Fortschritt haben uns ein, in Jahren gezähltes, längeres Leben eingebracht. Zwar sehen ältere Menschen heute äußerlich jünger aus als ihre Großeltern im gleichen Alter, nicht zuletzt, weil sie mit vielerlei Mitteln versuchen, sich ein jüngeres Image zulegen; denn wer alt aussieht, wird nicht mehr als nützlicher Teil unserer Gesellschaft angesehen, sondern zum ‚alten Eisen' gezählt.

Biologisch tritt jedoch die Wende zum Alter, bei Frauen die Menopause, bei Männern das Bedürfnis nach ruhigerem Fahrwasser, wie seit eh und je im fünften Lebensjahrzehnt ein. Das bedeutet:

| Die statistische Lebensverlängerung hat uns keine Ausdehnung des leistungsfähigen Lebensabschnitts gebracht, sondern nur eine Verlängerung der Alterszeit. |
|---|

[- S. 95 Die Lebensverlängerung -]

Der Zwang, jung und topfit bleiben zu müssen, kann uns motivieren, unser Leistungsniveau lange Zeit hochzuhalten und tatkräftig zu wirken. Aber irgendwann lässt die Kraft nach und wir müssen Einschränkungen machen, eine nach der anderen; und wenn es uns ganz hart trifft, ereilt uns auch noch ein abrupter Leistungsabbau, sei es durch einen Unfall oder eine Krankheit. Das Tückische dabei ist, dass wir uns auf keinen Kräfteschwund, der uns mit dem Alter erreicht, wirklich vorbereiten können. Wir sind zwar imstande, einige Maßnahmen fürs Alter zu treffen, aber wir sind nicht fähig, uns gefühlsmäßig gegen die Abnahme unserer Leistungsfähigkeit zu wappnen. Kurz gesagt: Wir können uns die Vielzahl der Einschränkungen, die mit dem Älterwerden eintreten können, nicht wirklich vorstellen. Jeder ältere Mensch muss seine Einschränkungen Schritt für Schritt durchleben und lernen, mit ihnen zurechtzukommen und sie zu ertragen.

## Die Alterszeit

zieht sich umso länger hin, je besser es uns gelingt, uns relativ gesund zu erhalten. Während der Alterung erstreckt sich dann jeder ‚Abschnitt' über einen etwas längeren Zeitraum, in dem wir lernen können, uns mit den jeweiligen Beschwernissen abzufinden.

Trotz aller Bemühungen, uns in guter Verfassung zu erhalten: Die Einschränkungen kommen, eine nach der anderen. Einiges geht schwerfälliger, anderes wird mühsamer und manches kann man überhaupt nicht mehr.

Irgendwann beginnt das Hören und Denken sich zu verlangsamen. Man ‚kommt nicht mehr mit', nicht mit den Augen, nicht mit den Ohren nicht mit dem Reden, denn man muss die richtigen Wörter suchen, obgleich man genau weiß, was man ausdrücken möchte,

Der Niedergang schreitet voran. Mit jeder Verlangsamung holt uns die Endlichkeit ein bisschen mehr ein.

Der letzte Abschnitt beginnt mit der unabwendbaren Hinfälligkeit im Alter: Das schrittweise Nachlassen der Organe und der Vitalfunktionen.

| Ein gesunder Mensch stirbt nicht eines natürlichen Todes! |
|---|

Bis in die Sechziger-Jahre des 20. Jahrhunderts gehörten

## Geburt und Tod

zum normalen Dasein. Kinder kamen mit Hilfe einer Hebamme zu Hause zur Welt. Nur wenn der Frauenarzt eine Gefahr für Mutter oder Kind feststellte, bezahlte die Krankenkasse die Geburt in einer Klinik.

Selbst Kinder haben die letzten Tage oder Wochen eines ihnen nahestehenden, immer schwächer werdenden Menschen oft miterlebt. Sie haben mitbekommen, wie ihre Großeltern manches nicht mehr konnten, vielleicht auch mal über die ungelenken Bewegungen gelacht und sind mit den Worten „warte ab, wenn du mal so alt bist" in die Schranken verwiesen worden. Sie wurden nicht vom Tod überrascht, sondern sie konnten sich auf den kommenden Abschied vorbereiten.

Seit zwei, drei Generationen ist in unserer Kultur sowohl der Anfang wie das Ende des Lebens aus unserem Alltag ‚verschwunden.' Beides findet heute, oft ‚klinisch sauber', in einer befremdenden Umgebung und weitgehend unter Ausschluss der Öffentlichkeit statt.

Und da sie unserer unmittelbaren Wahrnehmung entrückt wurden, lösen sie auch die Ängste aus, die wir naturgegebenerweise vor Unbekanntem entwickeln. Medienberichte und Filmdokumente aus Krankenhäusern und Pflegeheimen zeigen uns immer nur Ausschnitte mit einer bestimmten Tendenz; sie vermitteln nie eine umfassende Erfahrung, welche gleichzeitig sowohl positive wie negative Aspekte einschließt.

## Wie wollen wir sterben?

Trotz aller Ungewissheiten in unserem Dasein ist eines sicher: Am Ende jeden Lebens steht der Tod! Nur ... wann und wie wir ihn erfahren, und was uns jenseits der Schwelle erwartet, weiß keiner von uns.

Und genau dieses Naturgesetz hat den Menschen zu allen Zeiten Unbehagen bereitet, wenn auch aus unterschiedlichen Gründen. So haben zum Beispiel die Menschen in früheren Zeiten gebetet: „Herr, bewahre mich vor einem plötzlichen Ableben“, denn sie wollten ‚mit Gott im Reinen sein‘, bevor sie diese Welt verließen.

Im Gegensatz zu dieser früheren Einstellung erscheint manchen Älteren heute ein schneller Tod – zum Beispiel durch plötzliches Herzversagen – als wünschenswert. Normalerweise lassen sie sich jedoch im Ernstfall einen ‚kleinen Defi‘ einsetzen. Eine solche Entscheidung ist zwar nicht unbedingt logisch, aber menschlich. Es gibt viele

### Fragen und Zweifel ...

... die in der Alterszeit auf die Menschen zukommen: Warum erscheint manchem Betagtem heute ein schneller Tod, ja sogar einer, der ihn unvorbereitet trifft, wünschenswert? Könnte es sein, dass fehlende oder vernachlässigte familiäre Bindungen diesen Wunsch befördern? Ist der Wunsch nach einem schnellen Tod der Grund, weshalb so viele alte Menschen eine Patientenverfügung erstellen, in der sie bekunden, dass sie „ein Leben an Schläuchen“ nicht wollen? Oder ergreift sie inzwischen immer stärker eine diffuse Beklemmung vor den Hilfeangeboten, wie sie die moderne Medizin bietet?

Warum erteilen Ältere dennoch ihre Einwilligung zu schweren Eingriffen, starken Medikamenten oder Maßnahmen, die ihnen kaum nützen, aber Lebenskraft kosten und oft weitere Behandlungen nötig machen? Wie stark ist die Hoffnung auf Heilung, wo bestenfalls Linderung möglich ist? Wer nährt den unrealistischen Glauben an eine Omnipotenz unserer Ärzte? Warum ist es für viele Alte ein Graus, sich vorzustellen, in ihren letzten Tagen auf stetige Hilfe angewiesen zu sein?

Liegt die Furcht vor der Hilflosigkeit im Alter vielleicht daran, dass Geben und Nehmen nicht mehr zu den gebräuchlichen zwischenmenschlichen

Beziehungen gezählt werden können, sondern eine Angelegenheit des ‚Vermögens' geworden sind?

## Leben um jeden Preis?

Seit der medizinische Fortschritt es ermöglicht hat, Menschen ohne Bewusstsein Tage, Wochen, Monate, mitunter Jahre am Leben zu halten, beschleicht viele Senioren die Furcht, dass ihr Tod durch Geräte und medizinische Eingriffe hinausgezögert werden könnte. Der Ausweg scheint eine Patientenverfügung zu sein. Dabei sind solche Schriftstücke unter juristischem Blickwinkel fast nie präzise genug abgefasst. Wie sollten sie auch? Kein Mensch, auch nicht der, der bereits alt ist, kann sich die Vielzahl der gesundheitlichen Notlagen vorstellen, die einem plötzlich widerfahren können.

Wenn der Wille des Patienten nicht absolut gesichert ist, müssen im Ernstfall Ärzte lebensverlängernde Maßnahmen einleiten. Unter der gegenwärtigen als zulässig erachteten Ansicht, in der widersinnigerweise Leben mit körperlichem Funktionieren gleichgesetzt wird, muss für ein Quasi-Leben entschieden werden ...

Selbst wenn eine Patientenverfügung für den ‚Fall des Falles' eindeutig verfasst wurde, wird mancher Arzt, der einen ‚Hoffnungsschimmer' für eine Besserung des Zustands sieht, versuchen, den Patienten umzustimmen. Wenn sich aber dieser Mensch in einem Zustand befindet, in dem er nicht mehr in der Lage ist, seinen gegenwärtigen Zustand geistig mit allen Konsequenzen richtig zu erfassen und in einem vernünftigen ganzen Satz zu antworten, ist er auch nicht mehr fähig, einen in geistig wacheren Zeiten festgelegten Standpunkt zu überdenken. In einer solchen Situation kann ein Leidender oft noch nicht einmal ein Nein durch ein Kopfschütteln ausdrücken, denn in dieser Geste liegt das Empfinden einer gefühlten Gefahr, nämlich die schlimmste, die ihm in dieser Situation widerfahren kann: dass der Helfenwollende sich von ihm abwendet.

Ein bejahendes Kopfnicken bedeutet in kritischen Situationen n i c h t eine gültige Zustimmung zu einer Behandlung, sondern es signalisiert das nicht mehr anders ausdrückbare Begehren: Bleibe bei mir, verlass mich nicht!

Ein Arzt sollte ein kurzes Kopfnicken niemals als definitive Zustimmung deuten; er muss mit seiner Entscheidung warten, bis der Kranke ihm in einem sinnvollen Satz erklärt, warum er seine Meinung geändert hat und was ihn selber noch ans Leben bindet.

Selbst wenn wir letztendlich feststellen, dass ein Mensch zu einem bewussten Leben nie mehr zurückfinden wird und es um ein Abschalten der Geräte geht, entstehen Bedenken: bei den Angehörigen, die vielleicht entgegen aller Vernunft auf Besserung hoffen oder den geliebten Menschen nicht loslassen können. Aber auch bei den Ärzten, die sich dem Erhalt des Minimallebens verpflichtet sehen ...

... oder in Zweifelsfällen bei dem Richter, der zudem den Menschen, dessen ‚Fall' er beurteilen soll, nie in seinem aktiven Leben gesehen hat. Ihm wird auferlegt, nach allgemein gültigen juristisch zu wertenden Tatbeständen ein Urteil über ein sehr individuelles Leben abzugeben ...

Anmerkungen zu Seite 8

## Frühzeitig mit der Altersvorsorge beginnen

Wie notwendig und wie sinnvoll ist das? Es ist geradezu abwegig, wenn sich junge Menschen am Anfang des Erwerbslebens bereits Gedanken machen sollen, wie sie für ihr Alter vorsorgen können. Schließlich kann jeder über dreißig mit einigermaßen gutem Gedächtnis feststellen, dass in unserer sich schnell verändernden Zeit Zukunftsvoraussagen, die vierzig Jahre und mehr betreffen, nicht mehr sind als eine Kaffeesatzleserei. Selbst Experten können bei Prognosen immer nur Trends erkennen, alles andere ist Wunsch- oder Angstvorstellung.

Wenn Entscheidungen aber maßgeblich von Wünschen oder Ängsten bestimmt werden, können sie nicht rational ausfallen.

Warum werden junge Menschen dennoch aufgefordert, bereits beim Eintritt in einen Beruf mit der Vorsorge fürs Alter zu beginnen? Wollten unsere Politiker ins Versorgungsystem des 19. Jahrhunderts zurück? Könnte es sein, dass die Lobbyarbeit der Versicherungsbranche etwas zu mächtig ausgefallen ist? Kann unter neoliberalen Wirtschaftsbedingungen das fürs Alter gesparte Geld überhaupt als sicher angelegt gelten? Wird nicht ein erheblicher Prozentsatz des Angesparten durch Inflation und Kostensteigerung abgewertet? Ist es tatsächlich sinnvoll, sich in der Jugend viele Annehmlichkeiten zu versagen, damit man sie sich im Alter vielleicht mal leisten kann?

Wenn heute die jungen Leute fürs eigene Alter geldlich vorsorgen sollen, dann müssten sie nicht nur wissen, unter welchen Bedingungen sie dann leben werden, sondern sich auch ihr eigenes Alt-Sein wirklichkeitsnah vorstellen können. Im Umfeld vieler Jungen gibt es aber oft keine Alten mehr, zu denen sie ein alltägliches Verhältnis haben. Die meisten ahnen deshalb noch nicht einmal, was Alt sein bedeutet.

[- zurück zu S. 8 -]

Anmerkungen zu Seite 12

## Arbeitskräfte, Einwanderer oder Landsleute

Als die Wirtschaft in den Sechziger-Jahren Arbeitskräfte aus Italien, Spanien, Griechenland und Jugoslawien zu uns holte, war Integration kein Thema. Wir lernten italienisches Eis und Pizza, spanische Tortilla und griechischen Gyros kennen.

Die Kinder der Angeworbenen lernten Deutsch in unseren Schulen, die Väter das Nötigste am Arbeitsplatz, die Mütter manchmal nie.

Die Mädchen mit ihrem südländischen Charme wurden von deutschen Männern geheiratet und unsere jungen Frauen erlagen der Verführungskunst des stolzen Spaniers oder den süßen Versprechungen des Italieners. Nur mitunter gab es in den nördlicheren Gegenden bei Eheschließungen kleine Probleme mit dem Glauben, denn die Südländer waren meistens katholisch ...

All das ist heute kein Thema mehr. Hin und wieder fällt uns der im Deutschen unübliche Nachname auf – so, wie bei den Nachfahren der aus Frankreich vertriebenen Hugenotten aus dem 16. Jahrhundert und der Bergarbeiter, die aus Osteuropa im 19. Jahrhundert ins Ruhrgebiet kamen.

Dass die Integration der Muslime schwieriger ist als bei den Ost- und Südeuropäern, hat weniger mit deren Religiosität zu tun; diese ‚Störungen' sind oft in den politischen Interventionen der Herkunftsländer begründet.

## Dürfen wir bei Bedarf Menschen zu uns holen?

Was sollte uns hindern, Menschen aus anderen Ländern mit reichlich Kinderüberschuss anzuwerben, damit sie für uns arbeiten und unsere Alten betreuen und pflegen?

Wenn wir Zuwanderer aus anderen Ländern anwerben, dann wollen wir entweder ‚Akademiker' für die Wirtschaft, die wir dann auch gut bezahlen – oder wir brauchen sie als billige Arbeitskräfte für den Dienst am Menschen und für die industrielle Produktion.

Solange wir Menschen zu uns holen, damit sie Tätigkeiten für uns übernehmen, für die wir zu wenig Nachkommen haben, wir aber nicht bereit sind, ihnen dafür eine angemessene Gegenleistung und den nötigen Respekt zu zollen, ist das ein unanständiges Geschäft.

Es gibt aber noch einen weiteren Grund, warum wir Menschen aus entfernten Ländern, vor allem solche aus der Dritten Welt, nicht aus Eigennutz anwerben sollten: Diejenigen, die ihre Heimat ohne Not verlassen, sind abenteuerlustig, wagemutig, risikobereit, aufgeschlossen. Sie besitzen die Eigenschaften, die eine Gemeinschaft voranbringen, die die entmutigten Machtlosen überzeugen können, an Veränderungen mitzuwirken. Es sind genau die, die in ihren eigenen Ländern gerade wegen ihrer Eigenschaften gebraucht werden ...

[- zurück zu S. 12 -]

Anmerkungen zu Seite 13

## Die Kraft des Mannes

Klar, um eine Straßenbahn fortzubewegen oder sogar eine technische Zeichnung anzufertigen, dazu benötigt man ja auch viel Kraft, oder?

Zwar konnte man im Zweiten Weltkrieg feststellen, dass Frauen solche und viele andere Arbeiten genauso gut und schnell bewältigten wie die Männer; trotzdem gibt es bis heute keine vernünftige Begründung für die noch immer bestehenden Unterschiede bei den Löhnen. Als Begründung muss das männliche Kraftpotenzial herhalten oder das unlogische, aber immer wieder gebrauchte Argument, dass Männer ja für Frau und Kinder sorgen müssen. Warum ist dieses Argument genau so absurd wie das des Kraftpotenzials? Weil ledige und verheiratete Männer für die gleiche Arbeit den gleichen Lohn bekommen wie die, die weder verheiratet sind, noch Kinder haben.

Nachdem die Männer, die überlebt hatten, aus Krieg und Gefangenschaft zurückkamen, wurde in den meisten Sparten den Frauen gekündigt, damit nun das ‚starke Geschlecht' wieder ‚das Ruder' übernehmen konnte. An vielen Stellen stiegen dadurch auch die Lohn- und Gehaltskosten, weil Männer ja besser bezahlt werden mussten. Nur nicht bei den Straßenbahnfahrern, denn dort hatten die Frauen – mit Hilfe der Gewerkschaft – durchsetzen können, dass sie die entsprechenden Löhne bekamen, wie zuvor die Männer.

Anders sah es bei den technischen Zeichnern aus; dort durften die Frauen nach der Rückkehr der Männer ihre Arbeitsstelle behalten, denn sie waren zu wenige gewesen, um auch für sich ‚Männerlöhne' durchsetzen zu können. Fazit: Der zuvor gut entlohnte Beruf des technischen Zeichners wurde für Jahrzehnte zum schlecht bezahlten Frauenberuf.

Die alte Frau hat absolut nichts dagegen, wenn Männer, die einen Beruf ausüben, bei dem man viel Kraft benötigt, auch besser entlohnt werden als diejenigen, die am Schreibtisch schwungvoll ihren Namen unter ein Schriftstück setzen, das die Sekretärin erstellt hat, oder als diejenigen, die in einer Konferenz mit viel Worten ihre Sicht der Dinge erklären. Aber die alte Frau befürchtet, dass der Paketbote für seine körperlich schwere Tätigkeit auch in zehn Jahren noch immer nicht seinem Krafteinsatz entsprechend entlohnt wird ...

Ja, der muss ja auch nicht geistig arbeiten. Von intellektueller Arbeit war bisher nicht die Rede. Wenn die Entlohnung an eine verstandesmäßige Leistung gebunden wäre, hätten wir mehr Frauen mit hohen Einkommen.

[- zurück zu S.13 -]

Anmerkung zu Seite 14

## Wenige und spät geborene Kinder

Der Sachverhalt, dass Frauen heute meistens älter sind als ihre Mütter, wenn sie ihr erstes Kind bekommen, könnte als naturgegeben angesehen werden, weil wir alle ein längeres Leben vor uns haben; ist es aber nicht, denn die Fruchtbarkeitsphase hat sich nicht bis ins späte Jugendalter hinein verschoben. Mütter, die erst mit dreißig ihr erstes Kind bekommen, haben mehr als die Hälfte ihrer gebärfähigen Zeit bereits hinter sich. Die verspätete Familiengründung führt mitunter sogar dazu, dass es gar nicht mehr zu einer Schwangerschaft kommt.

Warum warten Frauen mit der Nachwuchsplanung so viel länger als ihre Großmütter oder Urgroßmütter? Die Ururgroßmutter erwartete ihr erstes Kind mitunter in einem Alter, in dem heutige Frauen noch die Schulbank drücken. Ururoma war aber schon lange aus der Schule und wusste, was Haushalt, kochen, waschen, putzen und Kinder versorgen bedeutete, sie hatte nämlich bei ihren jüngeren Geschwistern oder den Kindern ihrer älteren Geschwister das Wickeln und Füttern geübt, geheiratet und Kinder bekommen ...

Uroma hatte es nicht mehr ganz so eilig mit dem Heiraten und Kinderkriegen, denn sie durfte schon nach der Schule einen Beruf erlernen und selber etwas Geld verdienen, bevor sie heiratete, ihr erstes Kind bekam und dann zu Hause blieb.

Oma brauchte mehr Zeit für die Schul- und Berufsbildung, um in unserer Arbeitswelt einen festen Stand erreichen zu können. Ihre Ehemänner hatten auch nicht mehr mit Anfang zwanzig den Gesellenbrief in der Tasche und einen gesicherten Arbeitsplatz bei ihrem Lehrmeister. Ab dann waren ‚Frühehen' mit Kindern ein Desaster!

Elterngeeignete Arbeitsstrukturen sind ein rares Gut; ein entsprechendes Verlangen nach solchen Einrichtungen ist ein unbeliebtes Thema für die Bevölkerungsmehrheit, obgleich Eltern seit mehreren Generationen ihre Kinder nicht mehr für sich selber – also für ihre eigene Altersversorgung –, sondern überwiegend für die Gemeinschaft großziehen.

Begreifen wir es doch endlich: Kinder großzuziehen ist seit mehreren Generationen keine Familienangelegenheit mehr. Es ist auch kein Hobby, das man nach Lust und Laune betreiben und, wenn es einem nicht mehr gefällt, problemlos wieder aufgeben kann. Zweifellos bereitet Kinder zu haben auch viel Freude, aber das tut ein gut gewählter und gerne ausgeübter Beruf ebenso!

Es gibt Menschen, die – aus den verschiedensten Gründen – keine eigenen Kinder bekommen. Das wird oft als ein schweres, persönliches Schicksal empfunden. Und es gibt Menschen die – auch aus den verschiedensten Gründen – keine Kinder haben wollen, und sie dürfen sich auf jeden Fall gegen eigenen Nachwuchs entscheiden. Sie haben aber nicht das Recht, mit egoistischen und fadenscheinigen Begründungen ihre Verpflichtung gegenüber der Gemeinschaft abzustreiten.

[- zurück zu S. 14 -]

Anmerkungen zu Seite 15:

## Die Trennung von Jung und Alt

In der Mitte des vorigen Jahrhunderts begann ein Trend, der unter Familie nur noch Eltern mit Kind(ern) verstand. Bis zu dieser Zeit gab es nämlich noch Familienverbände, in denen die Generationen gemeinsam im gleichen Wohnbereich, in enger Nachbarschaft oder zumindest in der gleichen Stadt lebten, so, wie es seit eh und je üblich war.

Der Wandel von der Mehrgenerationen- zur Eltern-Kind-Familie wurde durch die Lebensumstände in den Sechziger- und Siebziger-Jahren des vorigen Jahrhunderts einerseits begünstig und andererseits erzwungen: Die Nachkriegszeit mit ihren beengten Wohnverhältnissen ging zu Ende, sodass junge Erwachsene, wenn sie heirateten, nicht mehr zwangsläufig bei einem der Elternpaare wohnen mussten. Hinzu kamen die Vorgaben für den Wohnungsbau: drei Zimmer, Küche, Bad! Sie ließen nur noch Raum für Eltern und ein, maximal zwei Kinder.

Die wirtschaftlich bedingte Forderung zur Mobilität bewog junge Leute, dorthin zu ziehen, wo es einen vielleicht neuen oder besseren Arbeitsplatz gab. Ein Nachteil, den die räumliche Trennung bewirkt, ist jedoch, dass Oma und Opa, Tanten und Cousinen heute nicht mehr als kurzfristig einsetzbare Entlastungspersonen zur Verfügung stehen, was unter anderem bedeutet, dass eine junge Mutter mit einem Säugling oft eine Siebentagewoche mit einem Achtzehnstundenarbeitstag zu bewältigen hat.

Als Mütter auf den Beistand von Großeltern zurückgreifen konnten, mussten sie den Nachwuchs nicht jederzeit und überall ‚im Schlepptau' haben, weder beim Einkauf noch beim Arzt oder bei Behördengängen ...

Die volle Berufstätigkeit einer Mütter ist auch heute eine weit geringere Belastung, ja, in vielen Fällen sogar nur möglich, wenn Familienangehörige in der Nähe sind, die sich um die Kleinen kümmern können, selbst da, wo es ausreichend Kitas gibt. Die Notlage beginnt bereits, wenn ein Kind länger als erlaubt oder öfter als zugestanden krank ist.

Dass heute durch andere Wohnstrukturen und viel mehr Verkehr Kinder fast ständig unter der Aufsicht einer erwachsenen Person stehen müssen, weil sie nicht mehr wie früher in der Nähe des Hauses und auf der Straße spielen oder im nahe gelegenen Waldstück ohne Beaufsichtigung herumtollen können, haben unsere Politiker viel zu lange ausgeblendet. Na ja, es waren halt Männer, die gar nicht auf die Idee kamen, dass man sich über ‚Frauenkram' auch mal mehr als flüchtige Gedanken machen muss.

[- zurück zu S. 15 -]

Anmerkung zu Seite 15

## Privatsache Kindererziehung

„Zur Erziehung eines Kindes braucht man ein ganzes Dorf"! Aphorismus aus Afrika! Tja, Afrika, immer noch archaisch! Oder? Ein ganzes Dorf! Wie viele dürfen da den Eltern in ihre Erziehungsaufgabe hineinreden?

„Kaal sall he heïschen, wenn he gruut is, mutt he mer in dr Schmitten hölpen!" Das ist ein altes geflügeltes bergisches Wort.

Die Zeiten, in denen der Lebensweg eines Neugeborenen so simpel und endgültig festgelegt erschien, liegen gerade mal vier, fünf Generationen zurück; und dieses Konzept hatte eine jahrtausendalte Tradition. Bis über das neunzehnte Jahrhundert hinaus wurde üblicherweise der Sohn eines Bauern Bauer, eines Schmieds Schmied, eines Bergmanns Bergmann und die Tochter wurde – jedenfalls meistens – Ehefrau und Mutter. So galt es zumindest für die Erstgeborenen. Bei weiteren Söhnen kam es auf die Größe des Gewerbes an, ob der Hof oder das Gewerbe imstande war, sie als weitere Kraft zu ‚ertragen' und sie sich finanziell eine Familie leisten konnten. Weitere Töchter mussten warten, bis ein Mann bei ihrem Vater um ihre Hand angehalten hatte, oder sie blieben ledig und machten sich im Haushalt des Bruders in irgendeiner Weise ‚nützlich' oder verdienten mit irgendwelchen ‚Frauenarbeiten wie Putzen, Waschen, Nähen und Kinder betreuen ihren Unterhalt. Darüber hinaus gab es auch noch Klöster und ähnliche Einrichtungen für unverheiratete Fräuleins. Damit lag klar auf der Hand, welche Ausbildung die Kinder benötigen und welche Fertigkeiten sie dereinst beherrschen müssen.

Deshalb konnte in früheren Zeiten der Hauptteil der Erziehung problemlos von den Eltern geleistet werden: Sie brachten ihren Kindern einfach das bei, was sie selber an Wissen erworben hatten, Punkt!

Außerdem gab es viele Erziehungs- und Belehrungsmaßnahmen, die man den Eltern nicht allein überlassen hat. Ein Miterziehen und gegebenenfalls auch mal Rüffeln oder ‚Backpfeifen austeilen' – nicht nur von ‚Respektspersonen', sondern auch von Leuten aus dem Umfeld – war eine von den meisten Eltern gebilligte Maßnahme.

Zu den Tugenden, die die Kinder lernen mussten, gehörte unter anderem, Erwachsenen zu gehorchen – Befehlen der Obrigkeit nachzukommen –

sehr wichtig! – dem Pfarrer den nötigen Respekt entgegenzubringen – selbstverständlich! – In der Schule still zu sitzen und dem Lehrer zu folgen – keine Frage! Mehr war noch am Beginn des zwanzigsten Jahrhunderts als ‚Lebensrüstzeug' für die meisten Kinder in unserem Land nicht nötig.

Zu den elterlichen Belehrungen kamen die – vom heutigen Standpunkt aus gesehenen – geringen Kenntnisse, die mit Hilfe der unbequemen Schulpflicht beigebracht wurden: ein bisschen Lesen, ein wenig Schreiben, etwas Zusammenzählen und Abziehen können. Für die Mädchen gehörte das Schulfach Handarbeiten, für die Jungen der Werkunterricht zum erforderlichen ‚Lebensgepäck'.

Dass die allgemeine Schulpflicht sich nur langsam als absolut verbindlich durchsetzte, oft unterlaufen wurde, und aus familiären Gründen sogar noch bis weit in Mitte des vorigen Jahrhunderts von Randgruppen manchmal vernachlässigt wurde, sollten wir bei der Rückschau nicht ausklammern. Wenn beide Eltern außer Haus arbeiten mussten, blieb eben die älteste Tochter daheim, um die jüngeren Geschwister großzuziehen. In der Landwirtschaft war die Mithilfe der Kinder die Regel und nicht die Ausnahme. Bis in die Siebziger-Jahre des vorigen Jahrhunderts hießen die Herbstferien noch ‚Kartoffelferien' – warum wohl?

Noch bis über die Mitte des 20. Jahrhundert hinaus haben Kinder und Jugendliche mehr praktisches und weniger theoretisches Wissen erworben als heute.
Gegenwärtig wird in den Schulen mehr theoretisches Wissen vermittelt, und das hat zweierlei bewirkt: Zum einen haben wir überwiegend gut verdienende Menschen, die wissen, wie ein Vorhaben theoretisch bewerkstelligt werden könnte und müsste, es aber praktisch nicht bewältigen können, weil sie durch mangelnde Geschicklichkeitsschulung „zwei linke Hände haben". Das Ausführen müssen die – schlechter bezahlten – Praktiker oder die teuren massenfabrizierenden Maschinen übernehmen. Durch die industrielle Revolution können individuelle Wünsche und Bedürfnisse meistens nicht mehr erfüllt werden.

Außerdem gab es den Sechziger-, Siebziger- und Achtziger-Jahren einen beachtlichen Wandel in den Erziehungsmethoden Die Generationen, die vor, während und nach dem Zweiten Weltkrieg bis in den Fünfziger-Jahren geboren wurden, hatten gelernt, zu gehorchen und zu tun, was angeordnet wurde.

Dann begann in den späten Fünfzigern nach und nach ein neues Erziehungskonzept. Die tradierte Erziehungspraxis, durch körperliche Strafen Gehorsam zu erzwingen, sollte nicht mehr angewandt werden. Dass erzwungener und argloser Gehorsam ein kritisch einzuschätzendes ‚Bildungsgut' ist, hatte der Nationalsozialismus gezeigt. Nun wird gefordert, Eltern müssen ihre Kinder zur Urteilsfähigkeit und Selbstbehauptung erziehen. Und natürlich sollten diese Erziehung genau die Eltern leisten, die in ihrer Kindheit mit Schlägen ‚zur Räson gebracht' wurden ...

Manche Eltern versuchten, mit weniger Schimpfen und ‚Klapse' auszukommen; und wenn durch Ratlosigkeit doch mal ‚die Hand ausgerutscht' war, beim Kind mit Liebkosen oder Süßigkeiten Abbitte zu leisten, statt den Kleinen zu erklären, was sie falsch gemacht haben und warum die Eltern ausgerastet sind.

‚Fortschrittlich' denkende Eltern warfen alle Hemmungen über Bord, – das Pendel schlug genau ans andere Ende – und die Kinder wurden antiautoritär erzogen.

## Es gibt kein Zurück

Das Leben in den Fünfziger-, Sechziger-, Siebziger- und Achtziger-Jahren war nicht besser als heute, es war aber auch nicht schlechter – es war anders!

In der sachlichen Rückschau betrachtet erscheint es ruhiger, individueller, und zukunftssicherer verlaufen zu sein als das Leben der heutigen jungen Leute, auch wenn sich die Erwartungen der damaligen Jugendlichen nicht ‚wie gewünscht' erfüllen konnten.

Es war ein Leben, zu dem wir uns aber keinesfalls zurücksehnen sollten, denn ein Zurück wäre sinnlos. Stattdessen wird es höchste Zeit, ernsthaft über unsere nahe Zukunft nachzudenken. „Nach uns die Sintflut" ist keine erstrebenswerte Option.

[- zurück zu S. 15 -]

Anmerkung zu Seite 15

## Bildungschancen für alle?

Aber sicher! Wo leben wir denn? Dem Anschein nach in einem Land, in dem sowohl Theorie und Praxis wie auch Verstand und Gefühl beachtlich auseinanderklaffen.

Bildung als staatlich garantiertes, das Lebensgepäck bereicherndes Gut steht auch heute noch gefühlsmäßig nur dem ‚gehobenen Mittelstand und was-darüber-ist' in der erwünschten Qualität zu.

Die jahrzehntelangen Überlegungen zur Reform oder zur Abschaffung der Hauptschule, der Widerstand gegen die Gesamtschule, in der dann ja auch Kinder ‚aus einfachen Verhältnissen' die Hochschulreife erreichen können, der Ruf nach Elite-Universitäten, der ‚Beruf des Vaters' als zwar nicht offizielles aber praktiziertes Kriterium für die Sekundar-Schuleignung der Viertklässler – nach dem der Mutter wird gar nicht erst gefragt, denn wir können uns noch immer nicht vorstellen, dass sie einen ‚höherwertigen' Beruf ausübt als ihr Ehemann.

Auch hohe Studiengebühren, die Zunahme von Privatschulen, all das spricht klar für den Wunsch einer Abgrenzung vom ‚gemeinen Volk' und einer ‚wertvolleren' Bildung für ‚bessere' Schichten.

## Wo sind die Grenzen von elterlichen Rechten und Pflichten?

Als Eltern sich immer öfter auf das alleinige Erziehungsrecht beriefen, kamen Lehrer auf die Idee, dass es nicht mehr ihre Pflicht wäre, sich mit den Hausaufgaben der Kinder zu befassen, weder ob noch wie sie gemacht wurden. Es dauerte nicht lange, bis das Buch „Erfolg in der Schule - Sache der Eltern" in jeder Buchhandlung stand.

Eltern mit einfacher Volksschulbildung mussten sehen, wie sie damit zurechtkamen. Eltern, die die Industrie in Italien, Spanien, Griechenland und in der Türkei angeworben hatten, auch.

Wenn sich bis in die Fünfziger-Jahre ein Kind zu Hause beklagte, weil der Lehrer ihm wegen seines frechen Auftretens eine Ohrfeige verpasst hatte, dann waren die Eltern geneigt, noch eine weitere Bestrafung daraufzusetzen, weil sie ja überzeugt waren, der Lehrer ist im Recht!

Mittlerweile wissen wir es besser: Körperliche Strafen sind auf jeden Fall ein No-Go! Aber müssen Lehrkräfte auch rüpelhaftes Verhalten hinnehmen? Und welche Mittel stehen ihnen dagegen zur Verfügung? Dürfen sie einem Kind noch nicht mal erklären, warum sein Verhalten ‚unannehmbar' ist?

Wenn Eltern alleine für die Erziehung ihrer Kinder verantwortlich sind, dann kann man von ihnen auch erwarten, dass sie – ungeachtet dessen, wie viel Wissen sie selber erhielten – ihre Kinder mit allem Kenntnissen ausstatten, welche diese für ihr Dasein benötigen werden. Um diesem Anspruch genügen zu können, müssten Eltern jedoch viel mehr wissen, als sie selber von zu Hause mitbekamen – und im Leben dazulernen konnten...

...Und auch mehr, als sie wissen können – zum Beispiel: wie sich der Lebensweg ihres Kindes in Zukunft gestaltet. Welchen Beruf wird es erlernen? Wie wird sich der Arbeitsbereich im Laufe der Zeit verändern? Welche Fertigkeiten einem Kind heute anerzogen werden müssen, können selbst die besten Zukunftsforscher den Eltern nicht voraussagen.

„Wie froh wären wir gewesen, hätten wir die Chancen gehabt, die euch heute geboten werden!", reagiert mein Mann in den späten Siebziger-Jahren ungehalten auf das vermeintliche Gejammer unserer Tochter. Dabei ist sie keineswegs undankbar, wenn sie sich nicht freudig aus der Fülle der Möglichkeiten diejenige Lebensperspektive heraussucht, die ihr gefällt. Nein, sie ist vielmehr verwirrt über die Menge, aus der sie anscheinend wählen darf. In den Siebzigern verkünden die Lehrer es täglich: „Euch steht die Welt offen. Wenn ihr euch nur ein wenig anstrengt, könnt ihr alles erreichen; ihr dürft den Beruf wählen, der euch passt, ihr habt es leichter, als eure Eltern und Großeltern ..." Es herrschte in der Gesellschaft eine gleisnerische Zukunftsvision

Am Ende ihres Studiums musste unsere Tochter erkennen, dass die Produktionsstätten, in denen sie nun ihr Ingenieurwissen hätte einbringen können, mittlerweile nach Südostasien verlegt waren.

## Werte zwischen Ideal und Pragmatismus

„Wenn Sie Ihren Sohn weiterhin zu solcher Ehrlichkeit erziehen, werden Sie ihn lebensuntüchtig machen!" Diese Voraussage eines Fachmanns für Erziehung setzte meinen Mann und mich sehr in Erstaunen. Hatte unser Sohn doch auf die Frage, ob er alle Hausaufgaben immer machen würde, nur wahrheitsgemäß geantwortet, dass er manches nicht macht, weil er das Geforderte doch längst beherrscht.

- Sind denn Ehrlichkeit, Aufrichtigkeit, Verlässlichkeit nicht Werte, die wir unserem Kind beibringen und auch beispielhaft vorleben müssen, wenn wir sie zu tauglichen Mitglieder der Gemeinschaft erziehen wollen?
- Kann eine Gesellschaft ohne solche verbindliche Werte ein stabiles Gefüge aufweisen, welches so tragfähig ist, dass wir gemeinsam kritische Zeiten durchstehen können?
- Oder war unsere Erziehung von gestern und hatten wir tatsächlich veraltete Vorstellungen?

Wenn ich heute erlebe, wie arglistig und gewissenlos – sowohl Verbrauchern wie Geldanlegern – Unnützes, Überteuertes, ja sogar Schädigendes von einfallsreichen Fachberatern und geschäftstüchtigen Verkäufern versprochen, aufgedrängt und angedreht wird, wenn ich andererseits erfahre, welche Bagatellen zur sofortigen Kündigung führen dürfen, dann haben wir unseren Sohn falsch erzogen. Wir hätten ihm beibringen müssen: „Du darfst die Wahrheit verbiegen und umgehen, ja, sogar mitunter auch mal lügen, wenn dein Chef es von dir erwartet, weil sich dadurch sein Einkommen vermehrt. Beratung muss nicht ehrlich, sie muss gewinnbringend sein. Nur deinen Chef darfst du nicht betrügen, noch nicht einmal um einen Bleistift, den du ‚mitgehen lässt', denn das wäre ein Grund zur sofortigen Kündigung".

[- zurück zu S. 15 -]

Anmerkung zu Seite 17

## Was wir zum Leben benötigen

das sind zuerst einmal die Dinge, die uns das Überleben sichern, also eine naturgemäße Existenz:

- reine Luft zum Atmen,
- sauberes Wasser zum Trinken und
- ausreichendes, naturbelassenes Essen für Körper und Verstand.

Darüber hinaus brauchen wir

- ein Dach über dem Kopf, sodass wir uns gegen Wind, Regen, Kälte und Hitze schützen können und das uns sicheren Schlaf garantiert,
- eine Tätigkeit, die wir gerne ausüben, die unserem Leben Sinn gibt, und unsere Existenz absichert,
- genug Zeit, in der wir unser Leben ordnen, planen und überdenken können,
- uns nahstehende Menschen, mit denen wir Freude und Sorgen teilen.

Ehrlich, all das, was wir zum Leben benötigen, haben wir doch, oder?

Nein! Denn wir verzichten in unserem Land auf

- reine Luft,
- naturbelassenes Essen,
- sauberes Wasser,
- bezahlbare Wohnungen,
- erträgliche – sowie einträgliche – Arbeit und
- ein friedfertiges Miteinander,

damit unsere Wirtschaft floriert und mehr Geld verdient werden kann, für Wachstum, Fortschritt und Geltung …

[- zurück zu S.17 -]

Anmerkung zu S. 20

## Wenn's ‚am Geld' fehlt

Falls bei einem Engpass das benötigte Geld' als vorrangiges Problem gesehen wird, dann zäumen wir ‚das Pferd von hinten auf', d e n n

| Wer zuerst aufs Geld schaut, macht die Angelegenheit, die gelöst werden muss, zur nachrangigen Thematik. |
|---|

Kommen Entscheidungsträger bei der Zuerst-ans-Geld-denken-Planung zum Schluss, das Geld reicht nicht, wird nicht mehr überlegt, wie die Aufgabe adäquat gelöst werden kann. Die Entscheidung lautet entweder: „Das können wir nicht machen!" Oder: „Wie kommen wir zu einer billigeren Lösung?"

Wenn man aber zunächst die Aufgabe durchdenkt, sie nach ihrer Wichtigkeit, einer wunschgerechten Ausführung und der zeitlichen Planung abwägt, dann ergeben sich meistens ganz andere und manchmal sogar die besten Lösungen.

Vor fünfzig Jahren wäre kein Mensch auf die Idee gekommen, sich bei nötigen Renovierungen als Erstes von mindestens drei Handwerkern Kostenvoranschläge einzuholen. Nein, damals hat man Verwandte und Bekannte gefragt, ob sie einen Fachmann kennen, der schon mal gut und preiswert für sie gearbeitet hat. Mit diesem Menschen hat man abgeklärt, was anfertigt werden soll. Wenn die Vorstellungen von Auftraggeber und Auftragnehmer zueinander passten, dann wurde als nächstes über die gewünschte Qualität, Zeitpunkt und Dauer der Ausführung gesprochen. Erst danach kamen die Kosten zur Sprache.

Eine solche erprobte Vergabepraxis war auch bei der öffentlichen Hand seit jeher eine gebräuchliche Gepflogenheit. Da kamen eben die zum Zug,

- deren Arbeitsweise man kannte,
- deren Preise man kannte,
- deren Solidität man kannte und
- die genau wussten, worauf es bei der anstehenden Aufgabe ankommt.

Man vertraute dem, der selber nach dem Rechten sah und der nicht seinen ‚Vetter dritten Grades' – sprich einen Subunternehmer – für die Arbeitsausführung anheuerte, um auf diese Weise mehr zu verdienen.

Die Praxis, in erster Linie Aufträge an Firmen zu vergeben, die man kennt, bedeutet aber, dass ‚Unbekannte' nicht zum Zuge kommen, obwohl sie vielleicht bereit sind, die Arbeit tatsächlich p r e i s w e r t e r zu erledigen.

Diese bewährte Tradition hat jedoch in einer Gesellschaft, in der die Wahrheitsliebe immer mehr an Veralterung leidet, eine fatale Rückseite bekommen: Manchmal bedeutet die Vergabe an Bekannte auch Vetternwirtschaft, Korruption, Bestechlichkeit und Bereicherung auf beiden Seiten.

Um bei öffentlichen Aufträgen Geld sparen zu können – und zugleich diesen berüchtigten „Kölschen Klüngel" auszuschließen, gilt seit ca. fünf Jahrzehnten eine EU-Regel:

Jeder größere Auftrag, der von der öffentlichen Hand vergeben wird, muss ab einer gewissen Höhe europaweit ausgeschrieben werden. Und da es viele Kommunen gibt, die klamm sind, erhält in der Regel der billigste Anbieter den Zuschlag.

In den meisten Fällen ist aber der Billigste entweder der Größte, der sich ein Minusgeschäft leisten kann, um mit dem Auftrag seine Marktmacht auszubauen; oder es ist jemand, der kurz vor der Insolvenz steht und glaubt, sich durch den Auftrag ‚retten' zu können.

Im ersten Fall kommt es häufig vor, dass nach der Vergabe zwar mal kurz mit ein paar ‚Vorbereitungen' begonnen wird, man dann aber am ‚Ende der Liste' landet; denn der Größte sichert sich erst mal den Auftrag, auch wenn er gar keine Kapazitäten frei hat. Dann heißt es warten, bis man regulär an der Reihe ist oder bis der Beauftragte einen Subunternehmer gefunden hat, der die Arbeiten für ihn erledigt. Da bei dieser ‚Lösung' ja beide verdienen wollen, wird entweder an der Qualität des Materials gespart oder an den Löhnen, indem Hilfskräfte statt Fachleute eingesetzt werden. So ist die Stümperei vorprogrammiert. Außerdem wird bei jeder kleinen Änderung, die im Verlauf der Arbeiten anfällt, finanziell gnadenlos zugeschlagen.

Hat man sich jedoch für den Billigsten entschieden, wird mit hoher Wahrscheinlichkeit Pfusch geliefert. Oder die Firma geht während der Ausführung in Konkurs und die Arbeiten müssen ruhen, bis ein neuer Anbieter gefunden ist, der nun – natürlich für mehr Geld – den Murks beseitigt und den Rest erledigt.

Diese typische Anwendung des Vergaberechts ist nur ein Beispiel, wie wir mit vorrangig ans-Geld-Denken zu teuren und schlechten Ergebnissen kommen.

Wenn wir bei ‚Billigentscheidungen' im Nachhinein nachrechnen, werden wir oft feststellen, dass der vordergründig etwas Teurere letztendlich der Bessere und – wenn wir alle Nebenausgaben dazu rechnen – auch der Kostengünstigere gewesen wäre.

## Tücken der Vergabepraxis

Die an einen großen Umkreis gerichtete Ausschreibung hat noch weitere Fallstricke, denn in den meisten Fällen ist der Billigste keinesfalls der Kostengünstigste.

Dazu ein fiktives Beispiel: Wenn für eine Kita der zweitbilligste Anbieter das Essen heiß und frisch gekocht anliefern kann, weil sein Betrieb gerade mal einen Katzensprung entfernt liegt, dann benötigt man nur einen Geschirrspüler in einem Nebenraum. Hat aber der billigste Anbieter seinen

Betrieb in einem 200 Kilometer entfernten Ort, dann werden die Mahlzeiten vorgekocht anliefert und müssen vor Ort aufgewärmt oder fertig gegart werden. In dem Fall sind eine Küche und Personal nötig.

Wer in einem solchen Fall nur auf den reinen Geldbetrag pro Essen schaut, lässt sich auf eine Milchmädchenrechnung ein; da wäre eine umfangreiche Berechnung erforderlich, um zu ermitteln, welches Angebot wirklich das günstigere und bessere ist. Hat der Sachbearbeiter jedoch nur die Anweisung erhalten, dem Billigsten den Zuschlag zu geben, dann kann und wird er keine weitere Berechnung anstellen, auch dann nicht, wenn die Existenz des vorherigen heimischen Lieferanten dadurch bedroht wird und der letztendlich seinen Betrieb aufgeben muss, sodass für andere Kitas und Schulen im Umkreis ebenfalls neue Anbieter gesucht werden müssen.

Was wir in einem solchen Fall auch nicht berücksichtigen, ist die unterschiedliche Qualität der Varianten: Frisch zubereitet gegenüber lange ‚frisch' gehalten. Mit welchen Kriterien wäre hier eine Güteabwägung zu treffen, aus der hervorgeht, welche Variante ‚billiger' und welcher ‚teurer' ist? Wer auf das Geld schaut, wird sofort ‚wissen': Das Billigere ist besser. Wer die Kinder ‚im Blick' hat, könnte sich – je nach Preisunterschied und Kassenlage – eher für die vernünftigere Variante entscheiden.

## Unwichtige Kosten?

Bei allen Vergaben werden die Kosten, die durch lange Wege nebenbei entstehen – Luftverpestung, Reifenabrieb, Straßenabnutzung usw. – noch nicht mal gedanklich in die Berechnung einbezogen.

Je mehr solcher nicht mitbedachten Kosten der Allgemeinheit auferlegt werden, umso weniger Geld steht unserem Staat für die Lösung anderer dringlichen Probleme zur Verfügung. Und von solchen zusätzlich entstehenden Kosten gibt es viel zu viele. Nicht nur die zahlreichen maroden Straßen und einsturzgefährdeten Brücken sollten uns zu denken geben, sondern auch die vielen Umweltkosten, die bei derlei bürokratischen und wirtschaftlichen ‚Peilentschlüssen', nicht mitbedacht werden ...

[- zurück zu S.20 -]

Anmerkungen zu Seite 21

## Sozialgesetze gegen Unruhen

### und als Verelendungsvorbeugung

Die Sozialversicherungen für Arbeiter, die in Bismarcks Zeiten eingeführt wurden, sollten vor allem dazu dienen, den aufkommenden Sozialismus im Zaum zu halten. Durch die Industrialisierung gab es nämlich eine neue die Lebensweise der Bourgeoisie bedrohende Volksschicht: die besitzlosen Fabrikarbeiter, die von ihrem geringen Lohn kein Geld zurücklegen konnten, weder fürs Alter noch für andere Notfälle, und die bei Krankheit und im Alter der Allgemeinheit zur Last fielen.

Die Löhne reichten oft nicht aus, eine Familie zu gründen und zu ernähren, und erst recht nicht, um eine Rücklage für schlechte Zeiten zu ersparen. Und weil es immer mehr Industrialisierung gab, und somit auch immer mehr Arbeiter, die bei Krankheit, Unfall oder im Alter auf das Gemeinwohl angewiesen waren, wurden auf Betreiben des damaligen Kaisers, der auf diese Weise sozialen Unruhen vorbeugen wollte, Kranken-, Unfall-, und als letztes

**die Rentenversicherung für Arbeiter**

eingerichtet. Die Rentenversicherung war nicht als Generationenaufgabe[2], sondern als ‚Gemeinschaftssparmodel'[3] verfasst worden: Der geringe Anteil von 1,7% der Arbeiterlöhne wurde in die ‚Rentenkasse' eingezahlt und vom Arbeitgeber mit dem gleichen Betrag bezuschusst.

Da das Renteneintrittsalter auf 70 Jahre festgelegt war, kamen bei der damaligen kürzeren Lebensdauer sowieso nicht sehr viele Menschen in den Genuss einer Rente, die aus den angesparten Beiträgen aller Versicherten gezahlt wurde. Wer früher starb, hatte Pech gehabt! Nein, nicht ganz, denn es gab bereits einen Anspruch für Hinterbliebene.

Die Rente war auch nicht als auskömmliche Altersversorgung gedacht, sondern als ‚Notgroschen' neben der traditionellen Fürsorge durch die Familie, die es aber oft gar nicht mehr gab.

---

[2] Umlageverfahren

[3] Kapitaldeckungsverfahren

Dieser Versicherungstypus, „wir heben mal ein paar Äpfel für den Lebensabend auf", überdauerte den Ersten Weltkrieg, die Weimarer Republik, das dritte Reich und die ersten Jahre der Bundesrepublik mit wenig Erfolg; denn zum einen konnten die Renten durch den stetigen Wertverlust des Geldes immer nur sehr gering ausfallen; zum anderen ‚verfaulte' das bisschen, was beim ‚Obstsammeln' zusammengekommen war, während der Inflationszeit von 1919 bis1923 praktisch total, und wurde durch die Währungsreform von 1948 zu 90% vernichtet; privat angespartes Geld übriges auch!

Wohl dem, der genügend Sachwerte hatte oder sie in der Krise sich von weniger Betuchten erhandeln konnte. Viele ‚kleine Leute' verkauften ihre geringe Habe bereits im ersten Inflationsjahr, weil sie von den ‚hohen Summen' geblendet waren; manche Mittelständler mussten im zweiten oder dritten Jahr bereits ‚Haus und Hof' veräußern, um überleben zu können. Das Geld, das sie für ihren Besitz bekamen, war in kurzer Zeit durch die immer schneller steigende Inflation aufgezehrt. Außerdem wurde der veräußerte Besitz oft nicht sofort, sondern erst nach Wochen oder Monaten – also nach dem nächsten Werteverfall – nur in der Höhe des zuvor ausgehandelten Betrags bezahlt.

[- zurück zu S. 21 -]

Anmerkungen zu Seite 23

## Reformen zwischen Theorie und Praxis

Das Einbeziehen der Kinderversorgung in den Generationenvertrag, wie es von Wilfried Schreiber zur Abrundung im Gesamtpaket gedacht war, schien der Regierung damals nicht nötig, denn sie hatten ja bereits begonnen, die Eltern von mehreren Kindern besser zu stellen: Unsere Volksvertreter hatten nämlich bereits angefangen, Kindergeld zu zahlen, und dafür 1954 die Familienausgleichskassen ins Leben gerufen, die anfangs den Berufsgenossenschaften ‚angegliedert' wurden.

## Die Berufsgenossenschaften

sind die Träger der gesetzlichen Unfallversicherung, deren Beiträge n i c h t – wie bei der Kranken- und Rentenversicherung – je zur Hälfte vom

Arbeitnehmer und Arbeitgeber eingezahlt werden, sondern von den Betrieben – je nach der Anzahl der Arbeitnehmer – alleine zu tragen sind.

Bei der Unfallversicherung richtet sich der zu zahlende Beitrag nach den Kosten, die im Vorjahr in der jeweiligen Berufssparte nach Unfällen für die nötigen Lohnfortzahlungen, Rehabilitationsmaßnahmen, Unfallrenten und die entstehenden Ansprüche für Hinterbliebene angefallen sind.

Der Beitrag hat also nichts mit den Löhnen oder den Gewinnspannen zu tun, sondern mit den Ursachen, also den Unfällen und den festgestellten Berufskrankheiten, für die die Leistungen zu erbringen sind.

Nachgewiesen werden können solche Berufskrankheiten aber nur, wenn es viele Erkrankte gibt, bei denen festgestellt werden kann, dass die Arbeit und ihre Bedingungen ursächlich für die Erkrankung sind.

Ab 1954 mussten alle Unternehmer, die in einer der zahlreichen Berufsgenossenschaften Zwangsmitglied waren, auch je nach Größe der Firma einen feststehenden Betrag in die neue Familienausgleichskasse einzahlen, wobei die Anzahl der Kinder, die die Arbeiter hatten, nicht relevant war, sonst hätten Arbeitnehmer vorrangig Kinderlose eingestellt.

Kindergeld – das hört sich gut an, und 25 DM war zu der Zeit auch kein ‚Pappenstiel', aber – es wurde erst ab dem dritten Kind und für alle weiteren in der gleichen Höhe gezahlt. Arbeitslose erhielten ab 1955 den gleichen Betrag von den Arbeitsämtern. ‚Spitzenverdiener' – und das waren alle, die ein jährliches Einkommen von 7200 DM und mehr hatten, bekamen kein Kindergeld, dafür aber einen Steuerfreibetrag für die Kinder, der sich nach der Höhe der zu zahlenden Steuer richtete.

Ab 1961 wurden die Betriebe wieder von der Zahlung entlastet und das Kindergeld aus Bundesmitteln finanziert; die Auszahlung erfolgte – und zwar schon ab dem zweiten Kind – über das Arbeitsamt.

Angestellte im öffentlichen Dienst erhielten bereits vor 1954 einen monatlichen Lohnzuschlag von 50 DM für jedes, also auch das erste Kind und bekamen daher kein Kindergeld aus den Ausgleichskassen.

[- zurück zu S. 23 -]

Anmerkungen zu Seite 24

## Wellen des Aufschwungs

oder

## Die charmante ‚Pferd-und-Spatz-Ökonomie'

Nach dem Hungerwinter 45/46 hatten die Menschen 47/48 zwar bereits mittags und abends mehr als nur ein bisschen Steckrübengemüse und eine Kartoffel auf dem Teller, sodass sie auch schon vor der Währungsreform nachts nicht mehr vor Hunger aufgeweckt wurden. Aber es gab noch immer Lebensmittelkarten mit Normalbedarfsrationen, welche nicht gerade üppig waren.

Daher ist es nicht verwunderlich, dass die Menschen, nachdem die Rationierung 1950 – also zwei Jahre nach der Währungsreform – endgültig aufgehoben wurde, als Erstes eine „Fresswelle" erlebten. Man konnte sich wieder mal so richtig mit großen Portionen sattessen, jedenfalls wenn man ein Einkommen hatte, das mehr als Kartoffeln und Wirsing mit einem Stückchen Räucherspeck zu Mittag erlaubte.

Nachdem im übernächsten Jahr die kleinen Leute auch ‚richtige Portionen mit Fleisch' auf dem Teller hatten, setzte bei den ‚Bessergestellten' die „Modewelle" ein: Im Frühjahr 1950 flanierten plötzlich Frauen mit einem wadenverhüllenden Wollrock, passender Jacke, einem Hut und neuer Handtasche vor den Schaufenstern entlang. An den ungelenken Bewegungen konnte man erkennen, wie ungewohnt für die Trägerinnen die lang entbehrte Ausstaffierung war.

Zwei Jahre später konnten auch die weniger betuchten Leute sich etwas Gediegenes zum Anziehen ‚für sonntags' kaufen; und bei den Besserverdienenden kam die nächste Welle an: Sie leisteten sich im Sommer einen zweiwöchigen Urlaub, mit dem man im Verwandten- und Bekanntenkreis großartig angeben konnte. Deshalb ging es im Jahr darauf sogar ins angrenzende Ausland!

Und so ging es Schritt für Schritt – im gesitteten zweijährigen Abstand – weiter bis in die „Autowelle" der späten Fünfziger-Jahre. Trickle-down-Effekt eben …

**Warum funktioniert die ‚Pferd-und-Spatz-Ökonomie' nicht mehr?**

*Na ja, es könnte daran liegen, dass unsere Erzeugnisse nicht mehr mit Pferd und Wagen, sondern mit Lkws transportiert werden und es daher keine Pferdeäpfel mehr gibt, von denen sich die Spatzen ernähren können.*

*Auch der Trickle-down-Effekt – ein weiteres geschmackvolles Bild – hat keine Wirkung mehr, denn die Brotkrümel, die vom Tisch der Reichen fallen, bleiben heute nicht mehr für die Armen liegen, sondern werden vom Saugroboter umgehend entfernt.*

*Es könnte aber auch sein, dass man diese eingängigen Bilder erfunden hat, damit die Reichen, wenn sie etwas abgeben sollen, sich aber konsequent dagegen wehren, ihr Gewissen, sollte es sich mal melden, mit diesen ‚geschmackvollen' Bildern bemänteln können.*

[ zurück zu S.24]

Anmerkungen zu Seite 24

## Vernünftig?

„Was machst du da?" – „Ich baue einen Zaun." – „Das sehe ich; aber hast du nicht bemerkt, dass einige Pfosten schon stark angefault sind?" – „Ja, das hab' ich!" – „Aber dadurch fällt der ganze Zaum doch spätestens im Frühjahr wieder um, was machst du dann?" – „Och, dann baue ich eben wieder einen neuen!"

Wie würden wir diesen Zaunbauer beurteilen? Als töricht, dumm, fahrlässig oder geistig zurückgeblieben.

„Was machst du da?" – „Ich baue für meinen Nachbarn einen Zaun, für den ich 500,00 € bekomme." – „Hast du nicht bemerkt, dass einige Pfosten schon stark angefault sind?" – „Doch, das hab' ich!" – „Aber dadurch fällt der ganze Zaum doch spätestens im Frühjahr wieder um, was dann?" – „Schön! Dann kann ich wieder einen neuen für 500,00 € bauen!"

Wie würden wir diesen Zaunbauer beurteilen?

Als clever!

Seltsam, wenn Geld im Spiel ist, dann sind wir plötzlich nicht mehr in der Lage, Unredlichkeit, Leichtsinn und fahrlässiges Verhalten in unseren Taten zu bemerken!

[- zurück zu S. 24-]

Anmerkungen zu Seite 32

## Gesundheitsschädigende Lebensbedingungen

### Ohne Luft können wir nicht leben

Was fällt uns beim Thema Luft zuerst ein? Feinstaub und Stickoxide! Und beides wird unter anderem durch unsere Autos ausgestoßen. Also schaffen wir sie ab. Geht nicht, denn wir brauchen sie; wie kämen wir sonst zu unserem Arbeitsplatz? Indem wir bei Wind und Wetter 20 km mit dem Fahrrad fahren?

Oder mit drei verschiedenen öffentlichen Verkehrsmitteln mit nicht zeitlich angepassten Verkehrs- und Umsteigezeiten, in zwei Verkehrsverbünden, die zudem noch unterschiedliche Regeln haben, unterwegs sind?

Zum Glück stehen unsere ‚Statussymbole' nach der Hinfahrt den ganzen Tag auf dem Firmengelände und stoßen dort keine Schadstoffe aus. Es ist nicht vorrangig die Anzahl der Autos, die wir reduzieren müssen, sondern die Schadstoffe, die durch die Fahrten entstehen.

Und es ist auch nicht nur der Feinstaub aus den Autoabgasen, der uns schlechte Luft beschert.

### Natürlich müssen wir essen

Aber – essen wir noch natürlich? Nein, denn unsere Nahrungsmittel sind mehrheitlich nicht mehr so, wie die Natur sie uns gibt. Obst und Gemüse werden nicht nur verstärkt durch neue Methoden hochgezüchtet und verändert und – ohne eine vernünftige Testzeit – unters Volk gebracht, sie werden auch geerntet, bevor sie reif sind, denn sie haben eine weite Reise vor sich, bis sie im Supermarkt landen. Naturbelassen sind heute noch nicht mal mehr frisches Obst und Gemüse.

Seit geraumer Zeit werden etliche Naturprodukte ‚umgestaltet' und sogar genetisch verändert, damit sie mehr Masse hervorbringen, mehr Süße entwickeln oder industriell schneller und kostengünstiger verarbeitet werden können. Es ist definitiv unsinnig, die akribisch ausgewogene Natur an clever ersonnene Wirtschaftsbedürfnisse anzupassen.

Wie sind heute die Erbsen, die wir als Gemüse bekommen? Schön süß und klein; ihr Durchmesser ist noch nicht mal halb so groß, wie er sein könnte, wenn man sie ausreifen ließe. Aber dann würden sie ja wie altmodisches Gemüse schmecken.

Wie waren die Aprikosen, die im letzten Frühjahr angeboten wurden? Schön saftig, ziemlich sauer und sie lösten sich nicht von Stein, denn sie waren lediglich notreif. Die Aprikosen, die wir früher bekamen, konnten wir mit den Händen auseinander teilen, um den Kern mit zwei Fingerspitzen ganz leicht herauszuziehen, und dann die süßsaftige, leicht mehlige Frucht genießen. Man ließ sie bis zur vollen Reife am Baum, sodass sie bei der Ernte auch die ‚reifen Inhaltsstoffe' enthielten.

Heute bekommen wir mehrheitlich nur noch ‚technisch' nachgereiftes oder unreifes Obst. Wer meint, da bestehe doch kein Unterschied, hat keine Ahnung von den vielen aufeinander angepassten Wechselwirkungen in unserem Immunsystem.

Unser Brot wird nicht mehr mit Mehl, Wasser, Sauerteig, Hefe und Salz hergestellt, sondern enthält – je nach Sorte – so ‚köstliche' Zusatzstoffe wie: Invertzuckersirup, Guarkernmehl, Gerstenmalz, Mono- und Diglyceride von Speisefettsäuren, Natriumacetate, Emulgatoren und – wie die meisten Industrieprodukte – viel zu viel Salz.

Was sonst noch alles bei der Herstellung hinzugefügt und anschließend ‚ausgewaschen' wird oder mengenmäßig als ‚unschädlich' gilt, das erfährt der Verbraucher nicht.

Durch die vielen schönen neuen Speisen aus aller Herren Länder, die uns heute angeboten werden, reagieren wir oft nicht mehr naturgemäß auf die Bedürfnisse unseres Körpers, sondern lassen uns von Nahrungstrends und Werbung verleiten, unserem Körper die gerade angesagten In-Produkte zuzuführen. Je weiter entfernt ein Produkt angebaut und geerntet wurde, umso eher wird es zum Superfood hochstilisiert und umso größer ist der Hype, den es umgibt.

Hinzu kommen die vielen günstigen Fertigprodukte, die gehübscht – und demzufolge verführerisch – angepriesen werden, jedoch oft alles andere als gesundes Essen sind.

Viel zu viele industriell hergestellte Nahrungsmittel haben nichts mehr mit einer natürlichen und gesunderhaltenden Ernährung zu tun!

Auch Ascorbinsäure ist kein natürlich produziertes Vitamin C, wie es in Gemüse und Obst vorkommt, in dem auch die Stoffe, die zur Verarbeitung des Vitamins benötigt werden, bereits vorhanden sind. Es ist ein chemischer Konservierungsstoff, der, da er in fast allen Produkten in der erlaubten Höchstmenge vorkommt und wir ihn mit jeder konservierten Nahrung zu uns nehmen, zur Übersäuerung des Körpers führt. Die Dosis macht es, sie ist definitiv zu hoch.

Ach, das ist doch nicht so wichtig, denn die Ascorbinsäure, die wir zu viel konsumieren, wird doch vom Körper ausgeschieden. Ja, hm, aber erst nachdem sie die vielen kleinen Helferlein unseres Immunsystems in der Speiseröhre, dem Magen, der Leber, dem Darm und den Nieren ausgiebig belastet hat ...

Unser geerbtes Immunsystem wird im Mutterleib auf- und im Kleinkindalter ausgebaut, sodass es individuell und körpergerecht ein Leben lang vortrefflich reagieren und uns gesund halten kann. Und es funktioniert am besten, wenn wir mehrheitlich das essen, was wir von klein auf gewohnt sind. Wofür die natürliche Entwicklung das Immunsystem nicht ausgebildet hat, ist, wie es mit der chemisch zusammengemixten Kreation „Explosiv, für den köstlichen Genuss“, körpergerecht umgehen kann ...

## Arbeitsbedingungen

Wer eine ‚Lerche‘ ist, hats gut. Die ‚Eule‘ muss sich aber dem gültigen frühen Arbeitsbeginn anpassen. Und beide Typen leiden, wenn sie in einem wöchentlichen Wechsel im Schichtbetrieb arbeiten müssen.

Seit in den Sechziger-Jahren die Gewerkschaften mit schönen Kinderbildern und dem Slogan: „Am Samstag gehört Vati mir“ auf ihren Plakaten den arbeitsfreien Samstag erkämpft haben – übrigens zu einer Zeit, in der alle Schulkinder samstags noch zur Schule gehen mussten –, sind seitdem am Wochenende nicht nur die Lebensmittelläden proppenvoll, sondern auch die Friseure, Zoos, Freibäder, Ausflugslokale etc. ...

Wie sinnvoll und vorteilhaft wäre es, mal über neue Arbeits- und Freizeitregelungen nachzudenken. Und damit meine ich hier nicht nur den Ausbau von Homeoffice, sondern eine allgemeine Arbeitszeitentzerrung, sodass Arbeitnehmer während der Woche über freie Tage verfügen, die sie in den montags bis donnerstags oft halb leeren, aber samstags überfüllten Örtlichkeiten dann entspannter verbringen könnten. Damit wäre auch der Ruf nach verkaufsoffenen Sonntagen nicht mehr nötig, denn entspannte Einkäufe könnten wir – durch eine vernünftige Arbeits-, Einkaufs- und Freizeitverteilung an den sechs Wochentagen – erledigen.

Wenn wir alle nur an vier der sechs Werktage in der Woche arbeiten müssten, sinnvollerweise in einem rollenden, wiederkehrenden System oder auch in aushandelbaren Zeiten, sodass hin und wieder mehrere freie Tage für Kurzurlaube im Voraus planbar wären, würden wir mehr günstige Zeitabschnitte für Stressabbau erhalten. Außerdem, wer nur zweimal zwei Tage in der Woche zum Arbeitsplatz fahren muss, spart nicht nur Zeit, sondern entlastet Straßen und Verkehrsmittel.

## Lärm

Dass Lärm Stress bedeutet, sollten wir eigentlich wissen. Arbeits- und Verkehrslärm sind aber unvermeidlich, oder wäre da doch mal etwas zu ändern? Auch unsere Freizeit ist von Lärm durchsetzt: hier ein Musikfest, dort ein Event mit Trubel und Lautsprecherdurchsagen, nur wenige Kilometer weiter die Jubelschreie bei einer Sportveranstaltung ...

Durch diese überaktive Lebensart sind wir inzwischen so sehr an Umgebungslärm gewöhnt, dass wir anscheinend Stille nicht mehr ertragen können. Es gibt schon seit Jahrzehnten Mitmenschen, die beim Betreten ihrer Wohnung sofort den Fernseher einschalten, weil sie sich ohne die allgegenwärtige ‚Beschallung' nicht mehr ‚wohlfühlen' können.

Die Menschen kennen kaum noch Ruhezeiten, in denen sie mal ohne Beschallung, Werbung und Internetangeboten, die sie ständig auf Trab halten, nichts tun oder alleine kreativ sein können.

[- zurück zu S. 32 -]

Anmerkungen zu Seite 34

## Rechte und Pflichten

Freilich haben – zumindest in einem gut geführten liberalen Staat – auch die Schwachen Rechte und die Starken Pflichten; die Krux ist, dass zu viele

‚Starke‘ mit ihrer finanziellen Macht ihre Rechte problemlos erreichen und ihre Pflichten meistens unbehelligt vernachlässigen können, während die Schwachen alle Pflichten einhalten müssen und manche der Rechte, die ihnen zustehen, nicht nur nicht kennen, sondern auch oft nicht durchsetzen können.

Was nützt es zum Beispiel einem kleinen Angestellten, wenn er weiß, dass er das Recht hat, in einem Betrieb mit fünf ständigen Arbeitnehmern zu versuchen, einen Betriebsrat zu gründen, durch den die abhängig Beschäftigten bei einigen ihrer Belange ein Mitspracherecht erwerben würden? Er muss erst mal die Leute zusammenbekommen. Bevor er also sein Anliegen herausposaunt, empfiehlt es sich, durch möglichst unverfängliche Gespräche die Ansichten der Kollegen – und tunlichst auch die des Chefs – zu ergründen. Bei einem Betriebsinhaber, der sich nicht ‚hereinreden lassen‘ will, hat er bei unbedachtem Vorgehen nämlich schlechte Karten. Ihm könnte gekündigt werden, bevor er überhaupt erst einmal drei Leute zusammen hat, die ihm helfen, die weiteren Unterstützer für die Idee zu finden.

Einfache Leute haben es im Allgemeinen nicht leicht, ihre Rechte wahrzunehmen, denn dazu benötigen sie genügend Zeit, um sich zu informieren und gesichertes Wissen von kompetenter Stelle zu erhalten; vielleicht benötigen sie sogar einiges an Geld, um einen Anwalt einschalten zu können...

Hinzu kommt, dass wir inzwischen im

**Neoliberalismus**

leben und der hat ‚zeitgemäßere‘ Regeln!

| Im Neoliberalismus werden hartnäckig die Rechte der Starken und unnachgiebig die Pflichten der Schwachen hervorgehoben. |
|---|

## *Wir sind schon lange weltweit infiziert*

*Es ist höchste Zeit zu erkennen, dass es sich bei der globalen Seuche Neo-Liberalismus um eine noch gefährlichere Pandemie handelt als bei dem Corona Virus SARS-CoV-2, denn sie hat längst die Gehirne aller Menschen befallen, die sich mit dem Erreger HKGW[4] infiziert haben.*

*Dabei handelt es sich um vier enorm ansteckende Krankheiten, die inzwischen weltweit grassieren und in verschiedenen Varianten auftreten. Bisher hat noch kein weises Staatsoberhaupt und kein unerschrockener Politiker die Kühnheit gehabt, wenigstens mal eines der wirkungsvollen ‚Besinnungsmedikamente' dagegen einzusetzen.*

*Uns bleibt nur, die wenig bekannten Heilmittel „Kriege verurteilen", „wirtschaftlich umdenken", „Geldgier missbilligen" und das strikte Gebot, „Vorrang für den Erhalt unseren Planeten" anzuwenden.*

*Falls mehrere mutige Staatsoberhäupter und tausende weitsichtige Politiker diese Mittel endlich einsetzen würden, könnte ihre enorme Wirksamkeit für den Bestand unserer Erde vielleicht sogar für alle rücksichtslosen „We-first-Denkenden" sichtbar und – mit sehr viel Glück – auch tolerierbar werden.*

[- zurück zu S. 34 -]

Anmerkungen zu Seite 34

## Industrielle Fehlentwicklungen

Ab der Mitte des neunzehnten Jahrhunderts entstanden immer mehr Arbeitsstätten, in denen maschinell angefertigte Güter hergestellt wurden. Gewerbetreibende, die bisher diese Artikel in Einzelarbeit für die regionale Nachfrage gefertigt hatten, konnten mit den Industrieprodukten geldlich nicht mithalten. Die mittelständischen Freiberuflichen waren gezwungen, ihre Produktion zu verringern oder sogar ihr Gewerbe ganz aufzugeben; ihre Angestellten und manchmal auch sie selber wurden erwerbslos.

Da die Fabrikbesitzer nur geringe Löhne zahlten – teilweise wegen der teuren Investitionen, aber auch, weil es immer mehr Arbeitsuchende gab – glitten die vormals Angestellten der mittelständischen Gewerbetreibenden nach und nach in eine neue Bevölkerungssparte ab: den besitzarmen Fabrikarbeiter.

---

[4] Herrschaftswahnsinn – Kriegslust – Geldgier – Wir-zuerst-Beharrlichkeit

Außerdem beging die Industrie mit ihrer Produktion den folgenschweren Fehler, das bisherige Prinzip von ‚Wunsch und Auftrag' umzukehren in ‚Angebot und Nachfrage'. Es wurde nicht mehr nach Notwendigkeit, vorhandener Kaufkraft und Bedarf, sondern aufs Geratewohl und viel zu oft über den tatsächlichen Konsum und einer sinnvollen Verwendung der Produkte hinaus produziert.

Die hergestellte Ware wurde nicht mehr mit Pferd und Wagen an den einzelnen Kunden, sondern mit Kraftfahrzeugen an zentral gelegene Verteiler oder als bestellte Ware an Verkaufsstellen geliefert, wo man sich nun um Käufer bemühen musste: Damit die Produkte sich nicht unnütz lange stapelten, kam die Werbung mit ihren Kosten hinzu.

Seit Ware in Fabriken hergestellt wird, kennen Produzent und Kunde sich nicht mehr; daher sind sie nicht in der Lage, erforderliche Erzeugnisse, deren Produktion, die benötigte Menge und die gewünschte Qualität in Einklang zu bringen.

Wie die alte Frau bereits mehrmals feststellen konnte, ist es schon seit Jahren oft kostengünstiger, sich dauerhafte Einrichtungsgegenstände vom Schreiner passend herstellen zu lassen, als ‚moderne' Fließbandprodukte im Fachgeschäft zu kaufen.

Billigkäufe erweisen sich viel zu oft als kostspielige, unpassende und kurzlebige Erwerbungen. Daher gibt es so viele Leute, die sich ‚arm sparen' und deren Mülltonnen ständig überquellen.

Durch Massenproduktion und Bedarfsweckung scheint es inzwischen für viele Menschen gewohnter, verlockender und bequemer zu sein, etwas ‚Fertiges' zu erstehen, ohne über ihr individuelles Bedürfnis, die persönliche Verwendbarkeit, den Bedarf und die Haltbarkeit einer Ware vor dem Kauf nachzudenken. Wie gesagt, es scheint so, es kann aber auch sein, dass mancher Käufer gerne etwas Individuelles kaufen würde, jedoch feststellen muss, dass von der Industrie nur ‚Einheitsprodukte' zu bekommen sind.

Die Vermassung führt letztendlich zum Herdentrieb, zur Oberflächlichkeit und zum Individualitätsverlust. Die Kreativität und die Eigentümlichkeit bleiben auf der Strecke.

Wenn die Produktion über den Bedarf hinaus wächst, braucht man mehr Vermarktung. Eine stärkere Nachfrage bekommt man, wenn die Waren billig sind; und sie werden billiger durch

- billigeres Material,
- billigere Rohstoffe,
- billigere Arbeitskräfte, oder
- eine Scheinverbilligung, indem ein bisheriger Bestandteil durch einen als ‚neuwertiger' deklarierten ersetzt und mit „verbessertes Produkt" den Eindruck einer Wertsteigerung erweckt wird, in der Hoffnung, dass Käufer sich die ‚aufgewertete' Ware möglichst schnell zulegen.

Mit dieser letzten, bereits in Frühzeit des Industriezeitalters ersonnen Methode heizt man nebenher zwei unschöne Charaktereigenschaften des Menschen an: das ‚sich Großtun' mit den ‚neuwertigsten Erwerbungen' und den Neid derer, die sich ‚so was nicht leisten können', aber ‚haben müssen', wenn sie ‚dazugehören' wollen.

Anfeuern von Dünkel und Frustrationen trägt keinesfalls dazu bei, eine Gemeinschaft ausgeglichen zu machen. Das kann einem Fabrikanten zwar egal sein, solange sein Produkt den gewünschten Absatz findet, nicht aber der Staatsmacht, denn eine auseinanderstrebende Gesellschaft ist schwer zu regieren.

Noch mehr Konsum erhält man, wenn man die Waren ‚kurzlebig' macht; das ist zu erreichen

- durch Bestandteile, die so hergestellt werden, dass sie kurz nach der Garantiezeit ‚den Geist aufgeben' und man keine Ersatzteile mehr bekommt, oder
- durch Teile, die ‚konstruktionsbedingt' nicht ersetzt werden können, weil sie auf irgendeine Weise ‚unzugänglich' gemacht wurden, oder
- durch Werbung, indem die Werbetrommel für neue Artikel auf vielerlei Weise in Gang gesetzt wird, neuerdings sogar mit Hilfe von unkritischen Trendsettern im Internet,
- oder auch durch geschickte ‚Einflüsterer, die durch gute Lobbyarbeit staatliche Hilfen ergattern, damit man den erzeugten Überschuss verbilligt in andere Länder abschieben kann – wo man dann unter Umständen den einheimischen Markt ruiniert.

Unsere Wirtschaftsexperten hatten noch viele weitere ‚geniale' Einfälle, um den Umsatz steigern zu können; hier folgen nur mal ein paar ganz normale Beispiele:

- Sie konstruieren für ihre Waren ein Einzelteil, das man in keinem anderen Erzeugnis benötigt und das in ihrem Werk hergestellt wurde. Wenn dieses Teil defekt wird, ist eine Reparatur nicht möglich, weil es im Handel nicht erhältlich ist.
- Sie verbauen nur begrenzt haltbare Teile an Stellen, die nach dem Fertigbau nicht mehr zugänglich sind. Auch hier kann nichts mehr repariert werden.
- Sie gaben ihre Lagerhallen für die Bau- und Ersatzteile auf und ließen sich die Erzeugnisse für die Produktion ‚just in time' anliefern. Mit anderen Worten: Sie erfanden die ‚Lagerstätten auf Rädern'.

Durch den Fortfall der fabriknahen Lagerstätten wird zwar die Produktion beim Hersteller etwas billiger, aber anfallende Reparaturkosten steigen unverhältnismäßig stark an. Die Folge ist, dass einzelne Ersatzteile für Reparaturen von Reparaturwerkstätten nicht so preisgünstig erworben werden können, wie sie für die Produktionsmengen im Herstellerbetrieb erhältlich sind. Auf diese Weise hat man erreicht, dass Reparaturen sich nicht mehr lohnen oder wegen fehlender Ersatzteile unmöglich werden.

Fast genau die gleichen Fehler wie bei der industriellen Fertigung wurden in der Landwirtschaft begangen. Seit

- Pferd und Pflug durch den Traktor,
- der Dreschflegel von der Dreschmaschine sowie
- Jauche und Kompost durch chemisch hergestellten Dünger

ersetzt wurden, hat die – auf einer jahrhundertealten naturgerechten Bearbeitung basierende – Dreifelderwirtschaft ausgedient.

Industrielle Denkweisen beherrschen seither auch die Landwirtschaft, und zwar mit den fast identischen Fehlern wie bei der Warenherstellung. Bei der Land- und Forstwirtschaft kommt hinzu, dass – noch erheblicher als bei anderen Produktionen – gegen die Natur gearbeitet wird.

Die Kleinbauern traf das gleiche Schicksal wie die kleinen Mittelständler, sie mussten den Hof aufgeben und ihr Land verkaufen. Dadurch konnten die vermögenderen Landwirte Bodenbesitz hinzuerwerben, die bestehende

Grenzgehölze roden und mit ihren Traktoren die Felder zwar schneller, aber auch naturwidriger zu bearbeiten.

Schon die Flächenvergrößerung erzeugt viele naturwidrige Eingriffe. So kann allein ein heftiger Sturm bei ausgedehnten Bereichen viel mehr Schaden anrichten, weil er nicht mehr durch Büsche ‚verwirbelt' wird. Dadurch wird oftmals die oberste Erdschicht samt den sie bearbeitenden Kleinwesen fortgetragen.

Der Einsatz schwerer Maschinen, der Anbau in Monokulturen, die chemische Düngung und eine überzogene Schädlingsbekämpfung sorgten für viele negative Folgen.

Ja, es stimmt: Die Weltbevölkerung steigt zu schnell an. Wir brauchen für mehr Menschen auch mehr Nahrung. Und durch die unterschiedlichsten neuen Methoden können wir der Natur mehr Nahrung abringen. Mit der Zunahme der Erzeugung entstehen aber auch mehr langfristige Schäden an der Natur.

Zum schnelleren Verteilen der Produkte aus Industrie und Landwirtschaft wurden zusätzlich Straßen gebaut, Flüsse begradigt, oder sogar kanalisiert, und Feuchtgebiete trockengelegt.

Diese Veränderungen waren und sind ebenfalls schädigende Eingriffe in die natürlichen Abläufe.

Extreme Trockenheit, Starkregen und Überflutungen von ausgedehnten Landstrichen sind nur wenige Beispiele der vielen negativen Folgen, die durch das einseitige ‚Wirtschaftsdenken' entstanden sind.

An Verstöße gegen die Natur hat Jahrzehnte lang niemand gedacht und sie auch nicht als Anlass für Fehlentwicklungen erkannt; die gewünschten und offensichtlichen Vorteile standen im Vordergrund:

- schwere Arbeiten erfordern nicht mehr so viel Kraft.
- vieles kann schneller hergestellt werden

und es ermöglicht den Produzenten, mehr Geld zu verdienen; diese Wahrnehmung stand von Anfang an im Vordergrund und ist bis heute das Ausschlaggebendste bei allen Planungen.

## Wer trägt entstehende Folgekosten?

Bei der industriellen Produktion werden entstehende Folgekosten fast immer nicht beachtet, denn der Erzeuger wird selten damit belastet, sodass die meisten von der Allgemeinheit getragen werden müssen.

Als Beispiel und Erinnerung nur eine allseits bekannte und beachtenswerte ‚Schweinerei'.

Der Vorspiegelung nach ermöglicht es nur eine Massentierhaltung, die ‚Produktion (!)' von Schweinefleisch so billig zu machen, wie der Käufer es angeblich verlangt. Dem zielgerichteten Denken zufolge heißt das: Mit noch größeren Ställen und noch mehr Tieren auf engerem Raum gehts noch billiger!

Gülle? Die brauchen wir nicht, also weg damit. Ein Tier ist krank, hm, Mist! Dann bekommen alle eben mal – na ja, – die ein bisschen ins Geld gehende Antibiotika, aber das Problem ist gelöst. Wen kümmert es, dass Seuchen nur deshalb um sich greifen, weil die Tiere auf zu wenig Raum und unter nicht artgerechten Bedingungen eingepfercht sind?

Dass die Tiere unglaublich leiden, die Gülle unser Wasser mit Nitrat belastet, viele Antibiotika nicht mehr wirken, weil sie massenhaft eingesetzt und ausgeschieden werden, also mit der Gülle in die Umwelt gelangen und dort in unkontrollierter Weise weiter wirken, solche Ergebnisse sind halt nicht zu vermeiden.

Derlei Überlegungen haben im geschäftlichen Denken ja auch nichts zu suchen, denn das Ziel heißt nur: Wie kann Fleisch noch billiger hergestellt werden!

Für entstehende Folgekosten wird weder der Fleischerzeuger noch der preisdrückende Vermarkter als zuständig angesehen, sondern – so widersinnig es klingt – die Verbraucher, „denn die wollen doch, dass ihr Fleisch billig ist!".

Nein, wollen sie nicht! Verständige Verbraucher möchten preiswertes Fleisch haben, das redlich kalkuliert wurde; nur – oft kennen sie den Unterschied nicht, weder bei den Wörtern noch beim Stück Fleisch, das unter rötlichem – die Qualität verschleierndem – Licht in der Theke liegt.

Naive Leute vertreten manchmal die Meinung: „Der Verbraucher kann ja etwas gegen die Massentierhaltung tun, er muss nur seinen Fleischkonsum drastisch einschränken! Dann verschwinden die großen Ställe!"

Nein, sie verschwinden nicht! Wir sorgen dafür, dass kleinere Betriebe aufgeben müssen, sodass nur noch die Großbetriebe eine Chance haben. Wenn wir trotzdem noch zu viele Tiere haben, dann liefern wir eben nur noch mehr ins Ausland! Sollten wir mit unserem billig erzeugten Fleisch trotz allem auf dem weltweiten Markt nicht genügend konkurrenzfähig sein, subventioniert die EU eben den Export.

Aber die Gülle- und Antibiotikaprobleme bleiben uns erhalten!

Recht so, warum sollte es uns besser gehen als den Menschen in der dritten Welt? Auch sie ruinieren unter Preis- und Wirtschaftsdruck ihre Umwelt mit Giften und belastenden Abfällen, um uns mit günstigem Superfood, ermäßigten Luxusgütern, erschwinglicher ‚Eintagskleidung' und den nötigen Rohstoffen für die Wirtschaft zu versorgen ...

Nein, die alte Frau ist nicht ‚von gestern': Die Industrialisierung hat uns viele Fortschritte gebracht und hätte sich zum Segen für die Menschheit und unseren Planeten entwickeln können, wenn nicht die Gier nach ‚Glanz und Gloria' alle ‚gekrönten Häupter' – und solche, die sich dafür halten – ergriffen hätte. Der Merkantilismus, der Kapitalismus, der Kommunismus und was es sonst noch an herrschaftlichem -ismus gibt, dient vorrangig der Geldscheffelei und dem Gepränge, nicht den Menschen, nicht den Tieren, nicht der Natur und absolut nicht unserer Erde ...

## Unsere Erde

funktioniert nämlich nur nach dem System „Cradle to Cradle": Alles kehrt zum Anfang zurück; es ist ein stetiger Kreislauf, bei dem ‚am Ende aller Tage nichts verloren ist'. Alles ‚erwacht zu neuem Leben'.

Gegen dieses für die Erhaltung unseres Planeten grundlegende Prinzip haben die ungehemmten wirtschaftlichen Peilentschlüsse von Anfang an dem (Börsen)-Gewinn zuliebe verstoßen ...

Die alte Frau befürchtet, dass sich wegen der gegenwärtig herrschenden Denkungsart der Tonangebenden sich vernünftige Strategien, gegen die Fehlentwicklungen vorzugehen, voraussichtlich als unmöglich erweisen werden. Noch immer steht die Begierde nach mehr Wachstum und Geld vor denjenigen Überlegungen, mit denen notwendige Korrekturen an unserer Natur eingeleitet werden könnten.

„Die Wirtschaft muss wachsen“ ist das herrschende Glaubensbekenntnis des unersättlichen Teils der Menschheit.

[- zurück zu S. 34 -]

Anmerkungen zu Seite 36

## Unterschiedliche Denkweisen

Die menschliche Zivilisation wird seit Jahrtausenden von Männern für Männer gestaltet. Nur deren Ansichten, deren Ziele und deren Denkweisen sind nach der festen Meinung dieses Teils der Menschheit das Einzige, was zählt.

Männliches Handeln beruht vorherrschend auf der Folgerung: Wir haben die Kraft, mit der wir uns behaupten können, und daher das Recht, das zu tun, was wir für richtig halten.

Deshalb zählt in unserer Gesellschaft – obgleich die Gleichberechtigung in unserer Verfassung festgeschrieben wurde – fast immer nur das, was Männer entscheiden.

Ja, das maskuline Denken ist zwar anders als das feminine, aber weder ‚kraftvoller‘, richtiger, vernünftiger oder ‚lösungsbezogener‘, sondern fast immer nur in einer Sicht- und Wunschrichtung. Und wenn der Wunsch zu verwirklichen ist, wird über etwaige Begleitprobleme nicht nachgedacht.

Der vom ‚Tatendrang‘ gesteuerte Maskulindenker bevorzugt überwiegend eine einseitige Denkweise, und die ist nur auf den zu erreichenden Punkt gerichtet: gradlinig und eindimensional. Alles, was nicht zum angepeilten Ergebnis führt, wird ausgeblendet. Entschiedene Einwände lauten: „Das gehört nicht dazu“, „das bringt uns nicht weiter“, „wir müssen unseren Plan im Auge haben!“ Ende der Diskussion!

Frauen bevorzugen ‚gestaffeltes‘ Denken, und das zielt nicht auf einen Punkt, sondern geht in die Fläche. Es ist gleichsam ‚zweidimensional‘, problemvernetzt, solidarisch, aber auch – genauso wie beim Mann – oft von Wunschdenken geprägt. Und je stärker ein Wunsch lockt, umso eher sind wir mit dem Denken am Ende.

Zum Glück für unsere Spezies wenden im Alltag genügend Menschen – Männer wie Frauen – ein ausreichendes Gemisch beider Denkweisen an, wodurch es überhaupt möglich ist, dass die Geschlechter im alltäglichen Zusammenleben leidlich miteinander auskommen.

Anders ist es jedoch bei Entscheidungsgremien, denn dort sind Männer in der Überzahl; und sie vertreten noch immer die Meinung, dass sie in allen Angelegenheiten die ‚richtigen' Ideen haben.

Etwas mehr weibliche Gedankenarbeit, die bei Zielsetzungen die mit zu berücksichtigenden Randgebiete und Folgeprobleme eines Vorhabens oder sogar die ‚Schmetterlinge und Bienen' – sprich: die Umweltkosten – nicht vergisst, das würde unserer Welt guttun.

[- zurück zu S. 36 -]

Anmerkungen zu Seite 37

## Sinnvoll

Ja, ihr jungen Leute, die ihr an einer lebenswerten Zukunft interessiert seid, geht mit Bedacht und Umsicht Freitags protestieren, damit das Thema nicht klammheimlich unter den Teppich gekehrt werden kann.

*Danach solltet ihr aber den wichtigen neuzeitlichen Samstagsunterricht nicht verpassen, in dem ihr von kompetenten Wissenschaftlern über die weltweit vernetzte Geld-, Wirtschafts-, Bevölkerungs-, Entwicklungs-, Agrar- und Klimapolitik verlässliche Fakten und kontroverse Theorien erfahren werdet. Nur so verfügt ihr nämlich über fundierte Kenntnisse, mit denen ihr euch gegen die uneinsichtigen Weiter-so-Erhabenen wehren könnt, damit ihr nicht mehr als ‚die Inkompetenten' dasteht.*

Gerade weil das Thema so enorm wichtig ist, macht Randalieren wenig Sinn, denn das verhärtet nur die Fronten und verhindert sachdienliche Diskussionen.

*Dieser Samstagsunterricht ist wesentlich, denn in eurer Schule geht es in Wirtschaftskunde allenfalls um Warenströme und Handelsverbindungen, aber selten um deren globale Auswirkungen.*

*Von den überzogen Wirtschaftsscharmützeln und Handelsverquickungen, wo es einzig darum geht, wer sich noch schneller bereichert, noch hemmungsloser seine Konkurrenten ruiniert oder noch ungenierter Bodenschätze ausbeutet, werdet ihr in der Schule kaum etwas erfahren.*

*Ach so, in eurem Bundesland gibt es das Fach Wirtschaftskunde überhaupt nicht? Hm, ja, Föderalismus – da kann man nichts machen!*

*Und auch diesen ‚Samstagsunterricht' gibt es noch nicht? Tja, das hat die alte Frau schon befürchtet.*

*Wenn es ihn gäbe, dann könntet ihr den beharrlichen Neoliberalen gute Vorschläge für ein besseres Wirtschaften mit mehr Rücksicht auf das Klima und die Natur machen; aber ...*

*jetzt kommt eine schlechte Nachricht für euch: Bei guten Vorschlägen hören die Neoliberalen gar nicht erst zu. Denn etwas-anders-Machen geht nicht; das könnte nämlich Geld kosten! Und damit niemand ihnen vorrechnet, wie wenig Geld nötig ist, um etwas zu verbessern, haben sie ein felsenfestes Dogma gegen alle ihnen nicht in den Kram passenden Veränderungen: Sie kennen seit mehr als 70 Jahren ein vorzügliches Totschlagargument bei dem alle Politiker sofort kleinlaut zusammenschrecken. Es heißt:*

„Das kostet Arbeitsplätze."

*Hat die alte Frau damit die jungen Leute genug verschreckt? Werden sie nun freitags wieder brav zur Schule gehen und den ‚Experten' das Feld überlassen? Hoffentlich nicht, denn Veränderungen sind nötig – und vielleicht auch möglich.*

## Nur ein Stoff – aber 25 Jahre

In den Sechziger-Jahren kam ein neuer Stoff auf den Markt, den man als Kältemittel für Kühl- und Gefriergeräte, als Treibgas für Spraydosen und als Lösungsmittel einsetzen konnte: Fluorchlorkohlenwasserstoff, kurz FCKW. Bereits nach ein, zwei Jahren warnten Wissenschaftler, dass dieser Stoff die Ozonschicht beeinträchtigt. Es dauerte nur noch ganz kurze Zeit, bis sich alle Experten einig waren, dass FCKW unsere Ozonschicht tatsächlich zerstört und unsere Erde in einen gefährlichen Zustand versetzt.

Es war genau dieses FCKW, das einen der Treibhauseffekte auslöste, uns eine zu hohe UV-Strahlung mit Hautkrebsgefahr beschert hat – und nebenbei der Chemieindustrie eine neue Einkommenssparte, nämlich die Produktion hochwirksamer Sonnenschutzcremes ermöglichte. Seitdem sind wir gezwungen, uns ständig einzucremen, wenn wir uns der Sonnenstrahlung aussetzen, denn die Gefahr, an Hautkrebs zu erkranken, ist enorm gestiegen.

Bereits mit den ersten Warnungen wurde von fortschrittlich denkenden Herstellern begonnen, andere chemische Verbindungen für die verschiedenen Einsätze zu entwickeln und anzubieten; aber die neuen Stoffe waren teurer, weil

- zuerst mal Produktionsstätten eingerichtet werden mussten,
- sie nicht gleich massenhaft hergestellt werden konnten und
- die Entwicklung ja auch Geld gekostet hatte, das nun durch den Preis wieder hereingeholt werden musste.

Die den alten Stoff verarbeitenden Firmen protestierten gegen eine sofortige Umstellung; sie ließen sich Zeit.

Deshalb hat es dann noch ungefähr z e h n   J a h r e gedauert, bis auch die letzten Betriebe bereit waren, die neuen Produkte zu verwenden.

Warum haben diese Firmen sich dann doch umgestellt? Weil die Regierung das wollte? Oder weil die Bevölkerung ihre Produkte mit dem schädlichen Stoff nicht mehr kaufte? Oder weil die Firmen endlich einsichtig waren? Oder weil der neue Stoff inzwischen billiger als der alte hergestellt wurde?

Die alte Frau tippt mal auf Letzteres.

Jedenfalls konnte der Gebrauch des FCKW zehn Jahre, nachdem es bereits nicht mehr benötigt, aber trotzdem noch immer von Uneinsichtigen ‚unbedingt' verwendet werden musste, endlich in unserem Land verboten werden, sodass ausländische Produkte, die es noch enthielten, nicht mehr eingeführt werden durften.

Wie lange werden wir brauchen, bis wir alle Schadstoffe, die unser Klima verändern und unsere Lebensgrundlagen zerstören, weltweit in den Griff bekommen, wenn es bei einem Einzigen bereits insgesamt mit der Forschung ‚ob oder nicht', den Diskussionen um das Für und Wider, den Entwicklungen von Alternativen und der hinausgezögerten wirtschaftlichen Anpassung – insgesamt ungefähr 25 Jahre dauerte?

[ zurück zu S. 37 ]

Anmerkungen zu Seite 38

## Auf die Barrikaden

*Na ja, andererseits ... die Französische Revolution, in der plötzlich der Dritte Stand gegen Adel und Geistlichkeit auf die Barrikaden ging, hat auch keiner befürchtet und schon gar nicht vorausgesehen ...*

*Und was war der Anlass? Der König benötigte Geld für Lustbarkeiten, Gepränge und seinen großen Hofstaat, denn er musste ja der bewundernswerteste Herrscher Europas und der aufstrebenden neuen Welt sein und bleiben. Deshalb wollte er mehr Steuern erheben. Und da er von den einfachen Leuten kaum noch so viel, wie er meinte zu benötigen, glaubte eintreiben zu können, hat er sich an die FDP-Wähler ... ach nein, falsches Wort ... er hat sich an den Adel und die Geistlichkeit gewandt. Aber weder die Clergés noch die Grand-Ducs wollten Steuern zahlen. Und so sollten wieder mal die kleinen Leute doch noch mehr geschröpft werden, Und das haben die sich aber nicht gefallen lassen. ...*

*Jaha, so schnell kann es gehen ...*

[zurück zu S. 38]

Anmerkungen zu Seite 39

## Fehlende Gemeinsamkeiten

Je weiter die Lebenswelten einer Bevölkerung auseinanderliegen, umso schwieriger wird es, das für einen handlungsfähigen Staat notwendige Zugehörigkeitsgefühl in der Gesamtbevölkerung zu sichern.

In unserm Staat scheint das Zusammengehörigkeitsgefühl nicht so stark ausgeprägt zu sein wie in den meisten europäischen Ländern. Das hat seine Gründe: Deutschland ist eine relativ junge Nation, die zudem aus sechzehn unterschiedlich strukturierten Bundesländern, Frei- und Stadtstaaten besteht und zusätzlich die Bürde des ‚tausendjährigen Reichs' und einer vierzig Jahre dauernden Teilung ‚auf dem Buckel' trägt.

Hinzu kommt die mehr schlecht als recht geplante und übereilt ausgeführte Wiedervereinigung, durch die sich eine verhärtende Kluft zwischen Ost und West gebildet hat.

Der zur Zeit der Wiedervereinigung amtierende Kanzler Kohl hat sich selber gerne als der politische Enkel Adenauers bezeichnet. Wäre er es gewesen, hätte er den Menschen im Osten Deutschlands nicht „blühende Landschaften" versprochen, sondern die Worte gebraucht, die Adenauer bereits bei jeder leicht bedenklichen Situation benutzt hat: „Meine Damen und Herren, die Lage war noch nie so ernst!" Und bei den Problemen, die mit der Wiedervereinigung auf uns zukamen, hätte er tatsächlich recht gehabt!

Unsere westdeutschen Politiker haben bei Besuchen in der DDR nie den wirklichen maroden Zustand des Landes wahrnehmen können; und die am 18. März 1990 gewählten ostdeutschen Volksvertreter kannten die realen wirtschaftlichen und sozialen Gegebenheiten in der Bundesrepublik auch nicht aus eigener Anschauung.

Beide Volksvertretergruppen mussten mit ihren unzureichenden Anhaltspunkten unter dem Druck der ungeduldigen ostdeutschen Bevölkerung und der ‚in den Startlöchern stehenden' westdeutschen Wirtschaft; in kürzester Zeit einen Einigungsvertrag zustande bringen.

Dass dabei Fehlentscheidungen getroffen wurden, war kaum zu vermeiden. Jedoch die kümmerliche politische Hilfsstellung für die Treuhand gegen die Übergriffigkeit der westdeutschen Wirtschaft hätte vermieden werden können. Anscheinend waren zu der Zeit zu viele wirtschaftsnahe Politiker und jede Menge ‚nur ans-Geld-Denker' an den jeweiligen Schalthebeln.

Birgit Breuel, die nach der bis heute ungeklärten Ermordung von Detlev Karsten Rohwedder die Treuhand übernahm, war – ohne ausreichende Unterstützung durch die Politik – nicht in der Lage, sich den drängenden Forderungen der westdeutschen Wirtschaft zu widersetzen.

[ zurück zu S. 39]

Anmerkungen zu Seite 39:

## Die ‚Vortatkräftigen'

Bei dieser Wortschöpfung geht es um die Altersgruppe, die bis zum Beginn der Industrialisierung nicht bis weit ins Erwachsenenalter hinein von ihren Eltern unterstützt werden musste, denn in den vorindustriellen Zeiten konnten sie ihren – zu der Zeit generell bescheideneren – Lebensunterhalt selber erwirtschaften.

Heute benötigen junge Menschen erheblich mehr Hilfeleistung durch die Gemeinschaft, weil jetzt ihre Schul- und Ausbildungszeit wesentlich länger dauert.

Deutschland ist kein Agrarland mit ‚banalen' landwirtschaftlichen Produkten, denn mit denen ist ‚kein Staat mehr zu machen', weil sie erschwinglich sein müssen und man daher mit ihnen wenig Profit erzielen kann; der ‚Lorbeerkranz' wird nur noch an hochwertige Erzeugnisse vergeben. Und solche Waren müssen wir hervorbringen, um im globalen Wettbewerb ‚Spitze' zu sein. Dazu benötigen wir Menschen mit einer hervorragenden Ausbildung.

Adam Ries hat das Dividieren von Zahlen nur an einer Hochschule gelehrt; inzwischen ist jedoch durch die allgemeine Schulpflicht so viel Auffassungsgabe in der Bevölkerung angekommen, dass fast alle Kinder heute das Dividieren bereits am Ende des zweiten Schuljahrs beherrschen können.

Trotzdem ist die verlängerte Ausbildungszeit zurzeit nicht zu vermeiden, jedenfalls nicht mit unserem derzeitigen Schulsystem.

## Wir benötigen effektivere Lehrmethoden

Das alte Sprichwort „was Hänschen nicht lernt, lernt Hans nimmermehr!" hat ausgedient. Lebenslanges Lernen ist angesagt, denn unsere Welt muss und wird sich noch weiter verändern!

Vielleicht werden wir in den nächsten Generationen

- durch eine gesteigerte Wissensentwicklung,
- durch ein Wissensforum im Internet mit verbürgtem Wissenspotenzial, mit entsprechenden Regeln und internationalen Vereinbarungen, die auch eingehalten werden müssen, und
- durch neue Lehrinhalte und -methoden

wiederum an Lernfähigkeit zunehmen.

Wir könnten uns auch um bessere Schulen und genügend mit ‚Intuition' ausgebildete Lehrkräfte kümmern, damit Kinder endlich mal das Wichtigste für lebenslanges Lernen erlernen, nämlich wie man lernt.

Nein, nicht wie man etwas auswendig lernt, damit man es mit den gleichen Worten bei der Klassenarbeit niederschreiben kann und dafür eine gute

Note bekommt, auch wenn man den Sinn des Textes nicht verstanden hat, sondern wie man ‚grundlegend' lernt.

Durch Hinterfragen und Nachdenken lernt man, wie man von einer Frage zur nächsten, weiter zur nächsten und letztendlich zu einem Ergebnis, einer Erkenntnis, einer Beurteilung oder einer Lösung kommt.

Gedankenloses Nachplappern ohne eigene Gehirnleistung bringt uns nicht weiter. ‚Schallplatte spielen' ist etwas für Quizshows, in denen überwiegend viel nichtwissenswertes, zusammenhangloses und bruchstückhaftes Wissen abgefragt wird.

Wenn Lehrer und Schüler – wie in der ersten Corona-Krisenzeit vor den großen Ferien – darauf drängen, dass die Klassenarbeiten noch vor einem Ferienbeginn absolviert werden, weil die Schüler*innen sonst in sechs oder acht Wochen das meiste nicht mehr für die Arbeit parat haben, dann ist dieses Wissen keine ‚Prüfungsaussage' wert, denn es ist ‚in null Komma nichts' dem Vergessen preisgegeben und kann nicht mehr ausgebaut werden.

| Wer nur für gute Noten lernt, verschwendet sein Lernpotenzial! |
| --- |

Lehrkräfte sollten nicht den Fleiß zum entscheidenden Maßstab einer Beurteilung machen, sondern Wissbegierde und folgerichtiges Denken. Wenn Interesse und Logik gefestigt werden, kommt der Eifer nämlich von alleine. Wer durch ellenlange Ausfertigungen seinen Fleiß bekundet, setzt viel Zeit ein, erreicht aber an solidem Wissen nicht mehr als derjenige, der kurz und knapp das Wesentliche ‚zu Papier bringt'.

## Eine Leistung tadeln ist unproduktiv

Lehrkräfte sollten ihre Schüler nur für erkennbare Unaufmerksamkeit und unangemessenes Benehmen, aber niemals für eine schlechte Leistung tadeln, weil ein Tadel immer einen Misserfolg in den Vordergrund stellt.

| Misserfolge mindern das Selbstvertrauen und halten vom Lernen ab |
| --- |

Stattdessen sollten Lehrkräfte bei weniger begabt erscheinenden Kindern bereits eine bescheidene Leistung loben, selbst wenn sie nur eine geringe Verbesserung enthält, da jede Fortentwicklung ein Lob wert ist; denn:

| Nichts ist so erfolgreich wie der Erfolg! |
| --- |

## Wie wär's mal mit einem neuen Schulsystem?

Welchen Sinn macht es eigentlich, alle Kinder, die an einem bestimmten Datum sechs Jahre alt sind, nach den großen Ferien einzuschulen und bei großen Schulen auf vier Parallelklassen zu verteilen, in denen für alle der gleiche Stoff vermittelt wird?

Wäre es nicht sinnvoller, unsere Erstklässler vierteljährlich einzuschulen? Wer sich als besonders lernfähig erweist, kann viel leichter drei Monate überspringen als ein volles Jahr; wer spezielle Defizite hat, kann durch eine ‚Nachschulung' von einem Vierteljahr den Anschluss schaffen; wer einige Monate krank ist, muss nicht das ganze Schuljahr wiederholen, wo er ¾ des Stoffs eigentlich schon kennt.

In den heutigen Eingangsklassen bremsen jeweils die ‚Unreifen' den Wissensdurst der ‚Überreifen' ab. Während die Lehrkraft den ‚Nachzüglern' weiter hilft, langweilen sich diejenigen, die den Stoff bereits beherrschen.

Nein, die alte Frau ist keinesfalls dafür, dass wir die Langsamen zurücklassen, sondern meint, dass wir gerade ihnen mehr Zeit widmen müssen, Zeit, die wir dadurch einsparen, dass wir den Vorpreschenden mehr Stoff zum selbstständigen Lernen zur Verfügung stellen.

| Aus eigenem Antrieb lernen ist die haltbarste Art des Wissensausbaus. |
|---|

Im Übrigen lernen manche Kinder leichter von anderen Kindern als von Erwachsenen, besonders wenn diese das zu Erlernende mit ‚Erwachsenenvokabular' erklären. Da reicht ein ungeläufiges Wort, um Zusammenhänge nicht zu verstehen. Nein, ich rede nicht von Ausländerkindern, sondern von den nicht vertrauten Wortbedeutungen in unserer eigenen reichhaltigen deutschen Sprache mit ihren vielen regionalen Eigentümlichkeiten. Am Ende der Grundschulzeit können wir die weitergehenden Schulen auf Semesterklassen umstellen, wie es ja auch in den Hochschulen üblich ist.

## Körperbeschaffenheit, sehen, hören, besondere Begabung

und vieles mehr ist bei Menschen sehr unterschiedlich verteilt. Deshalb sollten wir beim Lehren endlich auch mal darauf achten, dass Kinder sich zeitlich unterschiedlich entwickeln. Das konnten Eltern immer schon an ihren Kleinen feststellen: Während das eine Kind mit zehn Monaten bereits laufen kann, steht ein anderes mit anderthalb Jahren noch nicht sicher auf den Beinen.

Trotzdem können beide Kinder – wenn die weiteren Bedingungen gleich günstig verlaufen – später gute Sportler sein, wenn man sie nicht zu früh auf die Beine gestellt hat, sodass sie eine Abneigung gegen das Laufen entwickelten. Auch das Sprachvermögen setzt über einen breiten Zeitraum ein. Mittlerweile wissen wir, dass im Durchschnitt Mädchen früher lesen und Jungen früher rechnen lernen können. Trotzdem sollen sie beides im gleichen Alter erlernen.

Schwierigkeiten im Lernen beruhen oft darauf, dass ein bestimmtes Gehirnareal für das dargebotene Wissen nicht bereit oder eine spezielle Anlage noch unterentwickelt ist. Wenn wir zukünftig gezielt auf solche Verschiedenheiten eingehen und Rücksicht nehmen, werden alle unsere Kinder effektiver lernen können. Nur so sind wir in der Lage, den unvermeidlichen Frust, der durch Über-, Unter- und Fehlforderung entsteht, zu vermeiden.

Und noch ein Denkanstoß: Wir sollten spezielle Expertinnen ausbilden, die herausfinden, welche Begabungen in den einzelnen Kindern stecken. Dann könnte nämlich die wesentliche Wissensvermittlung bei einseitig- und Hochbegabten auf die vorherrschenden Fähigkeiten und Talente ausgerichtet werden, statt alle Kinder mit einem breit gefächerten Allgemeinwissen zu versorgen, mit viel Wissen, welches sie im Leben nie benötigen werden – und das sie im Grunde auch nicht interessiert.

Was uns nicht wissbegierig macht, vertiefen wir nicht, und was nicht vertieft wird, behalten wir auch nicht. Die Welt ist voll mit Leuten, die zugeben: „Ach, das haben wir vielleicht mal in der Schule gehört, aber worum es dabei ging, das hab‘ ich schon lange vergessen.“ Ja, und am schnellsten vergessen wir das, was wir – ohne den Sinn zu hinterfragen – nur auswendig gelernt haben.

[ - zurück zu S. 39 ]

Anmerkung zu Seite 45

## „Hoffentlich werde ich nicht so alt"

Was für ein Grauen vor dem Alter steckt in diesem Ausspruch! Können die jungen Menschen heute nur noch mit Missbehagen den Anblick von Altersmühsal ertragen?

Nein, die jungen Leute sind weder altenfeindlich noch kaltschnäuzig; durch die Auflösung der althergebrachten Generationenstrukturen, die mit dem Industriezeitalter begann, haben viele junge Leute heute keine auf Erfahrung beruhende Beziehung mehr zu alten Menschen, zum bejahrt und gebrechlich sein. Dass das Altwerden ein langer Prozess ist und bei den Betagten sehr unterschiedlich verläuft, auch das entzieht sich ihnen, denn sie kennen kaum noch alte Leute.

Was haben heutzutage die Alten ihnen denn noch zu sagen?

Altersweisheit? Um Himmels willen, was ist das denn, gemessen an all dem Wissen, das im Internet steht?

Es ist erlebtes, gefühltes, ertragenes und gehandhabtes – kurz gesagt – lebendiges Wissen.

## Dürfen wir noch alt sein?

Obgleich in unserem Land im Verhältnis zur Gesamtbevölkerung noch nie so viele alte und so wenige junge Menschen gelebt haben, wird unsere Kultur weitgehend vom Jungsein geprägt. Sehen wir uns die mannigfaltigen Werbebotschaften an, mit denen wir ständig traktiert werden, dann gewinnen wir recht schnell den Eindruck, dass Jungsein und -bleiben neuerdings zur Pflicht wird.

Warum denken Menschen, die den Punkt erreicht haben, an dem sie fürchten, wegen ihres Aussehens zum alten Eisen gezählt zu werden, immer häufiger über ‚Schönheitskorrekturen' nach?

Weshalb lassen sie für ein jüngeres Aussehen nichtlebensnotwendige und risikobehaftete Eingriffe über sich ergehen?

Aus welchen Gründen meinen sie, sich mit Giften traktieren lassen zu müssen, wohl wissend, dass es sich um Gifte handelt?

Wieso übersehen sie geflissentlich, dass solche Eingriffe nur ein Übertünchen der Alterungsprozesse darstellen und zudem in vielerlei Hinsicht verletzend sind?

In der Werbung blicken wir fast immer in vitale Gesichter. Viele der dort dargebotenen Sprüche für die beworbenen Artikel beziehen sich überdies auf gesundheitsfördernde oder kosmetische Produkte, die uns vollmundig versprechen, uns jung und leistungsfähig zu erhalten, und den Alterungsprozess vereiteln zu können. Wer hat schon einmal eine Werbung für Rollatoren mit den dazu passenden alten Menschen gesehen?

[- zurück zu S. 45 -]

Anmerkung zu Seite 46

## Die Lebensverlängerung

Bis in die Achtziger-Jahre des 19. Jahrhunderts konnte die Mehrzahl der Menschen in unserem Land sich kaum einen Arztbesuch leisten. Erst durch die Krankenversicherung der Arbeiter wurde eine ärztliche Versorgung für einen erheblichen Teil der Bevölkerung ermöglicht.

Dadurch

- stieg die Zahl der Ärzte und Apotheker,
- war es möglich, Kinder flächendeckend zu impfen
  und so die hohe Kindersterblichkeit zu reduzieren,
- wurden durch die Menge der Patienten, die sich nun ärztliche Hilfe leisten konnten, Krankheiten besser erforscht und behandelt.

Wäre die soziale Krankenversicherung – oder ein gleichwertiges System – nicht aufgebaut worden, hätte es keine so große Breitenwirkung gegeben.

Dies führte dazu, dass nun mehr Kinder das Erwachsenenalter erreichten, ebenfalls Nachwuchs bekamen und als Erwachsene nicht mehr so häufig an – aus heutiger Sicht banalen – Infektionskrankheiten starben.

Die nächste statistisch belegte Lebenszeitverlängerung, die in der Mitte des 20. Jahrhunderts begann, ist durch verbesserte Operationstechniken und wirksamere Medikamente entstanden.

Im gleichen Zeitabschnitt verursachten die industriellen Fortschritte

**neuartige Gesundheitsschäden**

und zwar durch:

- Umweltverschmutzung,
- Atemluftverpestung,
- Straßen-, Schienen-, Bau- und Industrielärm,
- chemische Giftstoffe in der Nahrung, in der Bekleidung, in Baustoffen und bei den Arbeitsprozessen,
- zu wenig natürliche Bewegung ...

Einzeln aufgeführt wäre die Liste ellenlang.

Diese neuen Erkrankungen sind mit verantwortlich für die Kostenaufblähung im Medizinreparaturbetrieb. Ein Teil der heutigen medizinischen Leistungen dient nämlich der Ausbesserung von Gesundheitsschäden, die durch diese krankmachenden Arbeits- und Lebenssituationen entstanden sind.

Zwar werden viele Korrekturleistungen an älteren Menschen erbracht, weil sie im Alter verstärkt zum Tragen kommen; sie sind aber nicht ursächlich eine Folge des Alterungsprozesses, sondern Nachwirkungen der krankmachenden Arbeits- und Lebensweisen.

[- zurück zu S. 46 -]